RUDOLF GREINZ

TIROLER BAUERNBIBEL

L. STAACKMANN VERLAG KG · MÜNCHEN

Eine Gemeinschaftsausgabe von L. Staackmann Verlag KG · München
und Österreichischer Agrarverlag, Wien

Gesamtherstellung: Wiener Verlag, Himberg bei Wien
ISBN 3-88675-126-0

Inhalt

Vorwort

In seinem Beitrag »Junges Schaffen«, den er für die Festschrift zum 50jährigen Bestehen des Staackmann Verlages schrieb, merkt Rudolf Greinz folgendes an: »Die volkstümlichen Krippenspiele und Dreikönigsspiele sowie andere dramatische Gestaltungen aus dem Alten Testament, welche einerseits die heilige Legende der Weihnacht mitten in das bäuerliche Element der Gebirgstäler stellten, andererseits aber auch die alttestamentlichen Persönlichkeiten und Geschichten ohne viel Federlesen in das bäuerliche Gewand kleideten, gaben die Grundlage für meine Bauernbibel ab.«

In der Tat hat sich der Tiroler Schriftsteller viele Jahre volkskundlichen Studien gewidmet; er ist den Sitten und Gebräuchen im Lande nachgegangen, insbesondere der Volksfrömmigkeit. Höhepunkt dieser Beschäftigung war das »Krippenspiel von der glorreichen Geburt unseres Heilands«, das er ein Jahr nach der »Tiroler Bauernbibel« abgefaßt hat.

Den Stoff zu seiner Bauernbibel trug Greinz also

schon mehr als zwei Jahre in sich herum, als er sich im Herbst 1894 »endlich hinsetzte, um alles niederzuschreiben, was in mir aufgespeichert war. Und da war die Bauernbibel eigentlich schon so fertig in mir, daß ich sie ohne jedes Konzept unmittelbar zu Papier brachte, in einer Reinschrift, die kaum mehr geringfügige Korrekturen aufzuweisen hatte«.

Offensichtlich befand sich Greinz in ausgezeichneter Verfassung, als er zur Feder, genauer zu dem von ihm tatsächlich verwendeten Gänsekiel griff, um seine Idee zu verwirklichen.

Das ihm von Jugend auf vertraute Schlößchen Lanegg, nahe Brixlegg im Unterinntal, im Volksmund als »Turm« bekannt, wählte er als »Poetennest«.

Dort ließ er sich in einem kleinen Kücherl den Herd heizen und richtete sich, wie er sich später erinnerte, mit seinem Schreibzeug und dem Freund Schwupp, einem seiner unentbehrlichen Kreuzschnäbel, gemütlich ein. Untertags schrieb er eifrig »von Adam und Everl und dem himmlischen Paradeis, von dem sakrischen Luziferl und der Höll', von dem Noah seinem Weinrausch und der Schwefelbande zu Sodoma und Gomorrha . . .« Abends suchte er in Brixlegg eine lustige Gesellschaft auf und genoß bei ein paar Vierteln Rotwein sowie seiner unverwüstlichen Reggelpfeife das stille Behagen, wieder um ein beträchtliches Stück weiter gekommen zu sein. Greinz resümiert nicht ohne Stolz, daß er »dieses Buch in einem Zug und in genau siebzehn Tagen ohne Unterbrechung« geschrieben habe.

Der in den Rock des Dichters geschlüpfte Jörg sieht die Schöpfungsgeschichte mit den Augen eines Bergbauern. Kein Zweifel also, daß die Erde in der heimatlichen Gebirgswelt erschaffen wurde. Man lese etwa, wie die Hirten mit dem alten Lenz als Oberhirten, dem Jackl als dem größten Hasenfuß von allen, dem springlebendigen Hansl, dem bedächtigen Loisl und dem Sepherl, dem Hüaterdiandl, gemeinsam zur Krippe ziehen, der eine mit einem Topf Buttermilch, der andere mit einer Schüssel Krapfen, mit Lampelen und Schafelen, und dem Kinde die Zehn Gebote aufsagen, »daß es woaß, daß wir brave Christen sein«. Das Buch bringt, wie es ein Rezensent einmal treffsicher formuliert hat, alles Erhabene und Göttliche mit der entwaffnenden Naivität eines Kindes ergötzlich in greifbare Erdnähe. Im biblischen Geschehen läßt Greinz mit oft herbem und deftigem, ebenso hintergründigem Humor Gestalten auftreten, wie sie uns in seinen griffigen, gern gelesenen Kurzgeschichten begegnen, von denen annähernd zwanzig Sammelbände erschienen sind. Und gleich seinen Erzählungen legt die gewiß originelle Bauernbibel Zeugnis von der Verbundenheit und Wesensverwandtschaft des Dichters mit dem Tiroler Volk ab.

Erst Jahre nach der Niederschrift in Lanegg gelangte das Werk zur Veröffentlichung und fand zunächst eine unterschiedliche Aufnahme. Teils verpönt, wurde es andererseits als gar nicht so lästerlich empfunden, schließlich als urwüchsiges Volksbuch und wahrer Hausschatz deutschen Volkshumors gepriesen, aus dem der Dichter, aber auch andere, an Vortragsabenden immer wieder rezitiert haben. Die »Tiroler Bauernbibel« hat längst ihren Weg zum Leser gefunden und ihm heitere Stunden bereitet.

Georg Ott

Wia der Jörg 's Bibelschreiben anfangt

I bin der Jörg. Weiteres braucht's ös nix z' wissen! G'sagt hab' i 's enk, wer i bin! Also kennt's mi! Und basta!

Hausen tua i weit droben im Berg. Ganz abg'legen is mei Hoamat von aller Welt. Is völlig a Ort, wo si die Füchs' guate Nacht sagen. Mir hat's aber alleweil da droben ganz prächtig g'fallen, weil i liaber alloan bin, als mit allerhand anderm Lumpeng'sindel bei'nander.

Ledig bin i auch no. Dös is eigentlich ganz überflüssig, daß i 's extra verzähl'. Ös wißt's ja, daß i bald meine siebzig Jahr' am Buckel hab'. Wenn i g'heirat't hätt', nachher hätt' i nia so alt werden können, weil i mi mit an Weibsbild viel früher z' tot g'ärgert hätt'. Auf dö Malefiz-Weibsbilder will i nachher schon no mehr z' reden kommen.

Aber dös is no notwendig, daß i enk no mei' Hoamatl a bisserl beschreib', bevor i enk ausanander setz', wia i zum Bibelschreiben kommen bin.

Wenn mi oaner von enk amal hoamsuachen will, darf er si auf a Eisenbahn schon gar nit hocken; denn mit der erreicht er mi nia. Nit amal mit an Fuhrwerk kommst in dö Einöd' aufer. A Esel muaß schon a recht a geduldig's Vieh sein, so a ausg'machter Stoanesel, daß er dumm g'nua is, enk den elendigen Weg bis zum Jörg seiner Hütten aufi zu buckelkraxeln.

Am besten geht man z' Fuaß, schon weil dös die älteste Modi is, an Menschen hoam z' suachen, und weil die Patriarchen, Propheten und Apostel auch z' Fuaß gangen sein. Im Sommer brauchst halt guat g'nagelte Bergschuah' und im Winter Steigeisen. Dös schad't dir aber nix, wenn d' auf der Lungel no fest beisammen bist und a bisserl Schnaufen vertragen kannst.

Wenn du erst amal heroben bist beim Jörg an der Schrofenwand, nachher wird's dir auch heroben g'fallen. Is no gar koa Mensch aufer kommen, dem's nit g'fallen hätt'.

Grad' oamal hat so a glasauget's Kamel ang'fangen, über die ganze Gegend und über die Leut' z' kritasiarn und loszuziah'n, daß es a wahre Schand war! Da is mir aber die Geduld g'rissen, und i hab' den Glasaugeten – a Brodfresser soll's g'wesen sein – kurzweg außi g'schmissen. Deswegen haben sie mi beim G'richt unten a ganze Woch'n einkastelt und tiaf drüber nachdenken lassen, daß man nit an jeden Menschen, der daher kommt, behandeln darf, wia er's verdiant!

Dös nur so nebenbei.

A Aussicht hab' i von meiner Hütten aus, wia sie weit umadum nimmer z' finden is. Die Berg' ragen aufi in blauen Himmel – wann's nit grad' zufällig regnet. Von die Almen aber hörst das Läuten von dö Glockenküah, manchmal an Juchezer oder a Goaselschnellen. Sonst is alles still wia in der ewigen Ruah'.

Das kleine Güatl hab' i schon von mei'm Vater selig g'erbt und hab' nia a Ursach' g'habt, es um a andres einz'tauschen. Sollen sie si im Dorf drunten einander die Haar' ausreißen, weil sie ja do nia mit einander g'schaffen. Mi geht der Narrenturm nix an. I bleib' schön stad droben in meiner Höh', sicher und frei wia a Krummschnabel auf an Fichtenast.

A Erdäpfelackerl hab' i auch bei meiner Hütten und an ganz ordentlichen Türkenacker dazua. Dös langt grad' für an Menschen, wenn i 's G'müas im Garten und die zwoa Goaß im Stall no rechn'. Auf der Alm droben g'hört a Grasleiten mein. So schlagen i und 's Vieh, die zwoa Goaß nämlich, uns ganz ehrlich durchs Leben. Hätt's nur a jeder so!

Mei' Hütten hat a bisserl a windschiefes Dach, und

an die Fenster is oft mehr Papier als Glasscheiben. Dös macht aber nix. Dem Glaser is 's viel z' weit aufer bis zum Jörg. Und was dös Dach angeht, sein Stoaner g'nua um die Weg' daß i von Zeit zu Zeit mit an neuen Brocken die Schindeln beschweren kann. Da überlegt's si 's der Sakramentswind halt do immer no, mir glei' auf amal 's ganze Dach abz'tragen.

Haben tua i a Kuchel, a Stuben und a Kammer z' ebner Erd' und obenauf a Dachkammer. In der hab' i schon öfters so an halbkaputten Bergkraxler über Nacht g'halten, wenn er gar nimmer hat weiter können.

Steuer zahlen muaß i auch. Aber nit b'sonders viel. Weil mir aber dös auch no alleweil z'viel is, freut's mi ganz unvernünftig, wenn i denen Herrischen am Steu'ramt unten an Tuck tuan kann.

Der Steu'rbot' is dick wia a Weinpanzen. Und den lass' i z'erst alleweil a halb's dutzendmal zu mir aufer schnaufen, um mi einz'mahnen, bevor i mit dö paar Kreuzer, was 's mi trifft, außer ruck'. I weiß, daß mi der Steu'rbot' am allerliabsten kleinweis vergiften tät'. Aber dös macht mir nix. Schnaufen muaß er mir, der Hallodri.

Meine Leibspeisen sein a guat abg'schmalznes Türkenmuas, im Sommer mit schwarzen Kerschen drein – und Speckknödel. Dö vergönn' i mir aber nur am Sonntag, weil i den Speck kaufen muaß.

So führ' i halt a Leben wia a Einsiedel hoch droben

im Berg. Vergeht im Winter oft a ganze Wochen, daß i koan Menschen sieh', als am Sonntag in der Kirchen. Is mir aber weiter auch nit viel drum, weil d' mit dö Leut' eh' meistens nix hast als Verdruß. B'sonders mit dö Weiberleut'. Mit an Weiberleutsverdruß hebt si ja schon 's alte Testament an, wia 's iatz nachher bald sehen werdet's.

Damit i auf d' Weiberleut' nit anzusteh'n brauch', koch i mir selber, wasch' mir selber und raum' mir selber auf in der Hütten.

Im Winter, wenn der Schnee draußen fallt und wenn die ganze Welt zuag'weht is und vom Joch aber der Fearnwind pfeift, daß er dir völlig Ohren und Nasen wegbeißt, da heiz' i mir in der Stuben schön bacherlwarm ein und tram und sinnier' so für mi hin. Zeit hab' i ja g'nuag dazua.

Und wia mir amal mittelt im Winter dös Sinnieren z' dumm worden is, hol' i mir a uralte Bibel vom Türbrett aber, dö schon von der Gucknahndl selig im Haus g'wesen is, staub' dös Buach ab und klopf's ordentlich aus. Und jeden Tag werden etliche Hauptstuck oder Kapitel g'lesen. Viel hab' i schon g'wußt no von der Schual' her – und viel is mir auch wieder ganz neu g'wesen. I weiß nit, hab i 's in dö langen Jahr' vergessen g'habt, oder haben sie 's ei'm in der Schual' grad' nit g'sagt.

Kurz und guat, unter dem Bibellesen kommt mir so bald nach Dreikönig, wia 's Wetter draußen schon ganz grauslich worden is, der Gedanken: Wia wär's, Jörg, wenn du iatz grad' auch amal anfangen tätest, Bibel schreiben. Geht dir der Winter viel leichter ummer.

Freilich, so wie die alten König' und Propheten, wirst du's mit dei'm Dappschädel nit z'sammen bringen. Aber probiar'n geht über's studiar'n. Wird's, wia's wird! I mach's halt amal so, wia man's von an oanfältigen Bauerngrint erwarten kann.

Vielleicht daß 's dem oan' oder dem andern a Freud' is, wenn amal a alter Bauernlackl die biblische G'schicht' aufschreibt, wia er si's g'merkt hat und wia er's in sei'm Kopf halt drein hat.

Kommt etwas G'scheut's außer, soll's mi freuen. Hat wer was z'schimpfen drüber, nachher soll er schimpfen. Aber aufer kommen soll er mir nit! Sonst geht's ihm wia dem Glasaugeten!

I hab's guat g'meint. Und wenn nit grad' all's so nach der guaten Meinung ausg'fallen is und oans und's andere verdraht außer kommen is – mir macht's nix, und enk kann's auch recht sein!

Ordentlich bei der Feder bin i alleweil g'wesen. In der Schual' war i der Erste im Schreiben. Das will schon was heißen! Und da lass' i mir weiter gar nix nit nachsagen!

Wia mir also der Gedanken mit'm Bibelschreiben kommen is, bin i am nächsten Sonntag gleich abi ins Dorf zum Kramer und hab' ihm sein ganzes Papier auskauft. Sogar ’s Packpapier hab’ i ihm auch no mitg’nommen, weil dös feinere alloan nit g’langt hat. Wenn daher mitunter a paar grobere Brocken kommen, so laßt’s enk nit verdrießen. Da is nur ’s Packpapier dran schuld.

Vom Schulmoaster hab’ i mir a Dutzend Federn schneiden lassen. Beim Pfarrer haben sie zuafällig grad’ a Gans abg’stochen g’habt. Und da hab i mir von der Köchin die stärksten Federn ausbettelt. Mit Stachelfedern kann i nämlich nit schreiben. Da mach’ i lauter Löcher ins Papier.

A Tinten hab’ i no droben g’habt in der Hütten. Freilich is ’s mir in der Kammer eing’froren g’wesen. Da hab’ i ’s no am gleichen Sonntag neben dem Knödelwasser zuag’stellt und am Herd fein aufsiaden lassen.

Heut’ nachmittag wird tüchtig eing’heizt. A ganzer Arm voll buachene Scheiter kommt in’ Ofen. Der Tisch wird zum Ofen g’ruckt. Mein alter Großvaterstuahl daneben . . .

Draußen schneibt’s Flocken, als wenn’s an Bettler in der Luft z’rissen hätten. Der Wind tuat wia narrisch. Grad ’s richtige Wetter zum Schreiben.

Iatz kann’s losgehen! Also fangen wir an!

Erstes Hauptstück

Wia der Gottvater die Welt erschaffen hat. Vom Himmel und der Erd' und allerhand Viechern, Kräutern und Stoan'

Im Anfang war nix, aber schon rein gar nix.

Nachher war wieder a Weil' nix.

Und nachher war erst recht nix.

Und wia dös vorbei war, is der Gottvater selber kommen. Der hat der G'schicht', dö umadum nix war, a Zeit lang zuag'schaut, hat den Kopf g'schüttelt und zu si selber g'sagt: »Nix is nix! So geht's nimmer weiter! Da muaß i schon die Welt erschaffen!«

Sagt's und hat glei' drauf den Kalender aufg'schlagen und nachg'schaut, in was für a Jahreszeit die Welt etwa am besten z'bauen wär'. Und da hat er si z'letzt denkt: Im Fruahjahr geh' i dran! Da kann i 's mit die wenigsten Kosten herstellen. Im Sommer geht's mit'm Wetter oft nit recht z'samm und muaßt bei so an Bauwerk viel zu viel schwitzen. Im Herbst gibt's allerhand Feldarbeit. Da hast zum Bauen auch wieder koa Zeit. Und im Winter is 's schon gar nix. Da würdest nit fertig mit in die Händ' blasen vor lauter Kälten und Starren.

Also im Fruahjahr! Weil dazumal, wia der Gottvater, bevor er an die Arbeit gangen is, no zur Vorsicht in Kalender g'schaut hat, zufällig grad' der oanundzwanzigste März war, hat er si nimmer lang Zeit lassen und hat mit der Erschaffung glei' ang'fangt.

Wenn unsereins die kleinste Hütt' bauen will, ja sagen wir nur an bloßen Goaßstall, was braucht er da nit für Instrument' und Zeug dazua . . . Hammer, Bretter und Nägel, Schaufel und Kellen, Ziagel, Sparren und Latten, Kalk und Mörtel, Hobel und Sagen, Zangen, Feilen, Tiegel und Pfannen – und weiß der Teufel no was alles!

Wir Menschen sein halt elendige Fretter. Da is der Gottvater schon a anderer Zimmermeister g'wesen.

Der hat gar koa Handwerkszeug braucht, als bloß a einzig's Wörterl. »Fiat!« hat er g'sagt – und g'schehen is alles, was er g'wollt hat. Lateinisch hat's sein müssen. Dös is schon damals die einzige Sprach' g'wesen, mit der du was Ordentlich's aufg'steckt hast und vor der si heutzutag' no der Teufel fürcht't und sein' Schwanz einzieht.

Freilich is auf dös »Fiat!« nit glei auf oamal die ganze Welt da g'wesen, wia si a Kumpanie aufstellt, wenn der Hauptmann schreit. Der Gottvater hat's schon öfter sagen müssen, bis er alles beisammen g'habt hat. Und vergessen hat er nix dürfen bei dem Bauwerk.

Sechs Tag' lang hat er braucht, bis alles g'stimmt hat. Es war koa Kleinigkeit. Und am siebenten Tag hat er auch gern ausg'rast't.

Z'allererst, wia die Erschaffung angegangen is, hat's in der ganzen Welt a Finsternis g'habt, gegen dö die spätere ägyptische Finsternis a Fackelbeleuchtung g'wesen wär'. Nit amal zum Greifen hast etwas g'sehen. So finster war's.

Weil man aber zu der Arbeit z'erst amal sehen muaß, hat's der Gottvater vor allem andern liacht werden lassen. Mit dem is der erste Tag ummer gangen, eh' man sich's denkt hat.

Am zwoat'n Tag is 's Firmament g'macht worden, was's nachher später Himmel g'hoaßen hab'n. Den Himmel hat der Gottvater glei' von allem Anfang an schön himmelblau g'malt und schön rund ausg'wölbt, damit er koane Ecken kriagt hat und man ihn überall sehen kann.

I glaub', da hat der zwoat' Tag schon drauf gehen können, bis der Himmel ganz blitzblank ausgeputzt war, daß er grad' a so g'lanzt und g'flimmert hat. Wenn i mein' kupfernen Waschkessel amal recht ausputzen will, daß koa Fleckerl mehr dran ist, nachher muaß i mi schon damisch schleunen, wenn i in an Tag neben der andern Arbeit damit fertig werden will.

Am dritten Tag hat der Gottvater amal gründlich mit der Unmasse Wasserlacken aufg'räumt, dö überall auf der ganzen Welt umanand g'wesen sein. Es wär' a koa b'sondere Ordnung g'wesen, wenn man bei jedem zwoat'n Schritt in so a Lacken treten wär'.

Da hat der Gottvater si auch nit lang b'sonnen, hat die Landkarten herg'nommen, wo alles schon fein außertüpfelt war, und hat's ganz ak'rat nach der Karten einteilt, damit's später koan Irrtum mehr gibt – da hat er's trockene Land hintan und da 's Meer.

Fünf Weltteil' hat er im ganzen g'macht. Zwoa davon haben s' erst später g'funden. Aber dös war just koa Schaden nit. Man is die längste Zeit mit drei Weltteil' alloan auskommen. Und die andern zwoa haben s' eh nur deswegen entdeckt, damit die Spitzbuab'n dahin durchbrennen können.

Auf 'm Land is 's auf oamal Fruahjahr worden. Die Bäum' haben ang'fangen zu blüahen, 's Gras is g'wachsen, daß 's a helle Freud' war und daß man scho glei' die erste Mahd hätt' halten können – so hoch war's schon. Es is aber trotzdem nit g'mäht worden, weil die Viecher no nit erschaffen waren, dö's Heu g'fressen hätten.

Und dö Bluamen, dö überall außer g'schloffen sein aus der Erd', dös is schon a wahre Pracht und Herrlichkeit g'wesen. Röserln und Veigerln, Nagerln und Rosmarin, Resederln und Fuxerln hat's da geben – Brennesseln und Saublüamerln aber auch, weil glei' das ganze Kräuterbuach auf oamal erschaffen worden is. So hat auch neben an Salat und Kabiskraut der giftige Schwammerling nit g'fehlt.

Kannst dir denken, was der Gottvater an dem Tag für a Arbeit g'habt hat, all den Bäum' und Blüamerln und Kräutern den richtigen Nam' z'geben. Weil er aber schon früher hat's Kräuterbuach auswendig g'lernt g'habt, hat er si leicht tan und is mit dem G'schäft g'schwind fertig g'wesen. 's Unkraut hat er g'rad nit gern erschaffen. Aber weil's in dem Buach schon amal drein g'standen is, is er ihm halt auch nimmer auskommen.

Wenn i an dem dritten Tag was drein z' reden g'habt hätt', nachher hätten mir die Erdäpfel so groß werden müssen wia die Kürbis, und der Türken hätt' Kern' haben müssen, a jeder so groß wia a Erdäpfel. Aber so bin i halt viel z'spät auf die Welt kommen und hab' mi in die schon längst eing'richtete Wirtschaft hocken müssen. Mucksen wird man si aber vielleicht do no dürfen, wenn man schon an der ganzen Sach' nix ändern kann!

Die Stoaner sein an dem gleichen Tag auch no erschaffen und einteilt worden: in g'wöhnliche oder hundsg'moane Straßenstoaner und außerg'wöhnliche oder Edelstoaner.

Die g'wöhnlichen sein für die Stoanklopfer und Maurer und die andern für die Grafen und Baruner. Auch sein die Straßenstoaner viel größer und schwerer, als die andern. Du brauchst oft a sechsspannig's Fuhrwerk mit schwere Pinzgerross', bis du so an Enzklachel von der Stell' bringst. Die Edelstoan sein aber fürs Tragen in an Fingerring schon extra kloan g'wachsen. Dös hat der Gottvater schon glei' voraus g'sehen, daß er denen Herrischen so a Spielzeug erschaffen muaß.

's Gold und Silber hat er fein versteckt, damit man's nit leicht findet. Und dös hat auch sein' Grund g'habt. Wenn's so leicht z'finden g'wesen wär' wia a Kieselstoan, nachher hätt man koa Geld draus machen können. Ohne Geld kriagt man aber nix z'fressen. Und ohne fressen kann man nit leben!

Am vierten Tag is d' Sonn' für'n Tag und der Mond und die Stern' für d' Nacht erschaffen worden, damit die Welt umasonst a Wärm' und a Beleuchtung beim Tag hat und daß's in der Nacht auch nit gar z'finster is und si die Leut' nit die Schädel einrennen, b'sonders wenn einer a bisserl z'viel g'laden hat.

Z'frieden sein die Leut' nia. Mond und Stern' alloan sein ihnen schon glei' für die Nacht z'wenig g'wesen. Da hätten sie si schon nit g'nua g'sehen zum Saufen und Kartenspielen, statt daß einer ins Bett giang'! Da haben sie si mit der Zeit halt allerhand andere Liachter erfunden.

Wia i vorig's Jahr amal in der Stadt g'wesen bin, hab' i glaubt, i muaß narrisch werden. Völlig vor an jeden G'schäft haben sie an Mond aufg'hängt g'habt. Dös kann aber unmöglich lang mehr guat tuan. Dös Zeug stammt alles vom höllischen Gankerl selber her. Sonst hätt' ja der Gottvater für a jede Wirtsstuben und an jeden Kramladen die Beleuchtung glei' erschaffen können. Wär' grad' in oan' Aufwaschen gangen.

Bei der Nacht soll der Mensch schlafen! Und zum Schlafen braucht er koa extra's Liacht! Dös is a unnütze Geldverschwendung. Mi reut's sogar, zum Bibelschreiben a Liacht anzuzünden. Wenn's dunkel wird, legt si der Jörg auf die Ofenbank und sinniert, bis ihm der Schlaf kommt. Und nachher hat er grad' drei Schritt in die Kammer und ins Bett.

Am fünften Tag sein die Fisch' und die Vögel an die Reih' kommen. D' Forellen sein schon damals glei' zum Essen g'wesen; und die Hennen haben's Eilegen sogar no viel besser verstanden als heutzutag'. Da haben die Hennen no Eier z'stand' bracht, so groß wia die Faust von an ausg'wachsenen Mannsbild. Und heutzutag' sein's oft nit größer als die Patergrallen!

D' Vögerln haben schon glei' ihre Liader z' singen ang'fangt, daß's a Gaudi war in der ganzen Welt. Und für an jeden war sei' G'sangerl schon auf Noten g'setzt, daß er si nit mehr lang um sei' Weis' hat umz'schauen brauchen.

Die Tannenmoasen und die Amseln, die Finken und die Fliagenstecher und die Spatzen auch, dö Lausbuab'n, alle sein's auf einmal aus'm Nest krochen, wia's der Gottvater amal ernstlich g'wollt hat.

Und die Fisch' haben si im Wasser tummelt, daß es a helle Freud' war. Der groß' Walfisch is auch schon dag'wesen, auf einmal ausg'wachsen in seiner ganzen Läng' und Dicken. D' Fisch haben freilich 's Maul halten müassen und sein bis zum heutigen Tag stumm blieben, weil's Wasser alloan Spitakel g'nua macht. Da müaßt' ja oaner frisch dearisch werden, wenn d' Fisch z'letzt no z' brüllen oder z' singen anheben täten.

Die vierfüßigen Viecher sein erst am sechsten Tag erschaffen worden. Etliche mit mehr Füss' waren auch drunter, wia die Flöh' und die Wanzen. An demselbigen Tag is überhaupt das ganze Ungeziefer auf die Welt kommen. Ganz z'letzt hat der Gottvater den Menschen g'macht. Davon is aber erst im nächsten Hauptstück die Red'.

Wia dö Arbeit vorbei war, hat si der Gottvater am siebenten Tag auf a Wolken g'setzt, wia man's oft aufg'malt sieht, und hat si amal ordentlich ausg'rastet.

D' Engerln – von dö wird auch später verzählt – sein rundumadum auf die andern Wolken g'sessen, haben ihre Liaderbüacherln aufg'schlagen g'habt und mit lauter Stimm' den ganzen Tag 's Gloria g'sungen.

Dös is der erste Sonntag auf der Welt g'wesen. D' Sonn' hat schön g'scheint. Im Paradeis haben die Bäum' blüaht. Die Viecher sein alle friedlich beieinander g'wesen. Hat koans 's andere aufg'fressen, weil's damals no nit so wild waren.

Die Löwen haben mit dö kloanwinzigen Hauskatzerln Fangen g'spielt. Die Elefanten haben die jungen Afferln auf ihre Rüssel hutschen lassen. Der Fuchs hat mit die Hennen »Schneider leih' mir d' Scher« g'spielt; und der Bär hat allen mitanander was vortanzt, daß's a rechte Unterhaltung g'wesen is.

Die beiden ersten Leut', der Adam und's Everl sein mitten drunter g'wesen und haben fleißig betet und si bedankt für die ganze Pracht und Herrlichkeit, in dö sie der Gottvater so mir nix dir nix eini g'setzt hat, ohne daß sie a Grundsteuer für den Paradeisgarten hätten zahlen müassen und ohne daß sie lang hätten garteln und misten müassen, bis etwas g'wachsen wär'. Dös is damals alles von selber gangen, weil der Boden no viel ergiebiger war.

So ist der erste Sonntag bald vorbei g'wesen. Was weiter g'schehen is, werd't's ös bald sehen.

Nur umblatteln!

Zweites Hauptstück

Vom Adam, dem Everl und dem himmlischen Paradeis. Wia die zwei mit Schand' und Spott davong'jagt worden sein

Wie der Gottvater mit die Viecher fertig is g'wesen, sein also die Leut' an die Reih' kommen.

Er hat an Loahmpatzen herg'nommen und draus a Mannsbild geknetet. A Hafner hätt' dös Handwerk nit besser treiben können. Alles is da genau g'macht worden vom Haarschopf bis zu der kloan' Zehen. Zwoa Augen, zwoa Ohren, a Nas', a Maul, a damischer Schnauzer, zwoa Füaß' und zwoa Arm' und was halt no alles zu an Menschen g'hört. Da hat si koa bisserl g'fehlt.

G'rüahrt hat si der lettene Klotz freilich no nit. Und a b'sonders g'scheutes G'sicht wird er auch nit g'macht haben. Kannst dir wohl denken, wenn no alles von Loahm war.

Da hat ihm der Gottvater ins G'friß blasen und hat ihn ang'ruafen: »Jatz schaust aber ganz g'schwind, daß du auf die Füass' kommst! So a Schlafhauben überananderl!«

Der Adam hat si glei' drauf z'recken und z'ranzen ang'fangt, grad wia wenn oaner aus an tiafen Schlaf aufwacht, hat an lauten Niaser loslassen, die Augen aufg'macht und amal ganz blöd umadum g'schaut. Setzt si auf und fragt no ganz tramhappert: »Ja, iatz weiß i nit, täuscht's mi oder is's wirklich so. Seid's ös da vor meiner der Gottvater oder nit?«

»Dös bin i und koa anderer!« hat der Gottvater g'sagt und hat g'lacht. »Und du bist mei' Kreatur, dö i erschaffen hab'!«

»Schau', schau'«, hat der Adam g'sagt und is langsam auf die Füass' torkelt. »Dös hab' i mir schon lang g'wünscht, daß i amal erschaffen würd'. 's Leben hätt' mi schon längst g'freut. Da habt's wohl an guaten Gedanken g'habt. Ja, iatz sagt's mir aber grad', wo habt's mi denn in der G'schwindigkeit herg'nommen?«

»Ja«, meint der Gottvater und hat die Achseln zuckt. »Aus a b'sonders raren Materi bist grad' nit. I hab' grad' nix anders bei der Hand g'habt, als an Patzen Loahm. Aus dem hab' i di halt z'sammen pappt. Guat g'nuag is's für di!«

»Dös is a bisserl a schmutzige Abstammung!« hat der Adam drauf völlig verdrossen g'antwortet.

Der Gottvater is ihm aber glei' übers Maul g'fahren! »Schau', daß 's dir etwa nit recht is, du Lackl du! Sei froh, daß i di überhaupt erschaffen hab'! Hätt' mi ja niamand dazua zwingen können! Kaum, daß er den ersten Schnaufer tan hat, fanget so a Lauser schon an zu kritassiarn! Dös wär' do die verkehrte Weltordnung! Dö Materi, aus der i di z'sammenklebt hab', is für di a prächtige Lehr' für die ganze Zukunft. Wenn dir wieder amal der Hochmuatsteufel ins G'nack steigt, nachher denk' nur g'schwind dran, woher du kommen bist, und 's Zapfl wird dir glei' wieder abi fallen!«

Der Adam is drauf ganz kloanlaut worden und hat g'moant – es sei ihm schließlich schon recht und der Gottvater soll ihm weiter nix für übel haben.

»So, iatz richt' di z'samm!« hat der Gottvater g'sagt. »Wir haben heut' no an weiten Weg z' machen. Wir müassen no ins himmlische Paradeis, dös i extra für di erschaffen hab', damit du dort wohnen kannst.«

»Is mir schon recht!« versetzt der Adam, »wenn i amal weiß, wo i dahoam bin und über Nacht bleiben kann!« Dabei macht er ellenlange Schritt', damit er 'm Gottvater nachkommen is.

Da hat er weiter nit g'sprotzt der Adam, wia er amal die ganze Herrlichkeit vom Paradeis g'sehen hat.

Der Gottvater hat ihm alles erklärt, was da g'wesen is, alle Viecher, alle Bäum' und Kräuter, alle Stoan', damit er a jedes beim Namen hat z'nennen g'wußt.

Z'letzt fragt er den Adam: »Jatz red' amal, wia g'fallt's dir denn da herin? Bist z'frieden? Oder geht dir vielleicht no etwas ab?«

Der Adam kratzt si hinter d' Ohren: »Ja, wißt's, abgehen tät' mir eigentlich schon no etwas. Aber i trau' mir's völlig nit z' sagen. I fürcht' alleweil, i könnt' enk z'guater Letzt no schiach machen. Und dös wär' mir soviel nit recht, weil's ös enk schon so a große Müah' geben habt's wegen meiner!«

»Also was abgeh'n tuat dir no! Dös wär' nit übel! Da wär' i aber wirklich neugierig, was?« fahrt ihn der Gottvater an.

»Ja, wenn's ös schon glei' von allem Anfang granti seid's, nachher sag' i ganz g'wiß koa oanzig's Sterbenswörtel nit!« moant der Adam.

Da is der Gottvater feiner worden! »Ruck' nur außer mit der Sprach' – und wenn's auch die größte Dummheit is. Weil i schon amal im Erschaffen drein bin, kommt's mir auf oans mehr oder weniger nimmer drauf an!«

Der Adam b'sinnt si no a Weil' und bringt nachher sein Begehren vor: »Es fehlt mir etwas. Wenn i umadum schau', is alles paarweis. A jed's Katzerl hat sein' Kater, a jed's Henderl sein' Hahn –«

»Aha!« lacht der Gottvater. »Blast der Wind aus *dem*

Loch! Da möchtest du halt auch a so G'spanin haben!«

»Freilich, das möcht' i! Dös geht mir just no ab zur ganzen Glückseligkeit!« bettelt der Adam.

»Schau'«, sagt der Gottvater, »mei liaber Adam, wenn i dir guat zu an Rat bin, wünsch' dir koa' solche Kuntin. Du kannst es so fein haben auf der Welt. Hast dein' Frieden und dei Ruah'. Kannst bei der Nacht hoamgeh'n, wann du willst. Brauchst koa Fratzeng'schrei anz'hören. Lass' mi nur grad' mit dö Weiberleut' aus! Du bist a geplagter Häuter, wenn d' amal so a Weibsbild auf'm Buckel hast. Glaub' mir's! I werd's do besser versteh'n als du! Und was dir dös kost't – dö Masse G'wander und Joppen und Miader und Spitzen und Bander. Dös geht's ganze Jahr so weiter! Sei g'scheut und lass' die Weibsbilder Weibsbilder sein! Du kommst als a lediger viel leichter durch die Welt!«

So hat der Gottvater dem Adam güatlich zuag'redt. Es hat aber gar nix g'nutzt. Je mehr der Gottvater g'red't hat, desto mehr hat si der Adam drauf g'steift, daß er a Weib haben müass'. Sonst geh' er auf und davon und mög' nit amal ang'malter in dem Paradeis bleiben.

Z'letzt is's dem Gottvater halt auch z'dumm worden mit der ewigen Raunzerei, und er hat dem Adam a Weib versprochen.

»Aber du wirst es no redlich büassen müassen! Von

dem Tag an, wo du a Weib hast, bist a g'schlag'ner Martyrer!« hat er ihm g'sagt. »Wirst schon sehen, was dös Verheirat'tsein für a Kreuztragen is!«

»Dös is mir alles gleich!« is der Adam ganz obstinat worden. »Liaber, als daß i so a oanschichtig's Leben führ', liaber z'reiß' i mi da auf der Stell' selber und mach' aus oan' zwoa!«

»Meinetwegen!« hat der Herrgott in sein' Bart brummt, hat den Dickschädel steh'n lassen und is amal für a Zeit seiner Weg' gangen.

Nach'm Mittagessen hat's den Adam auf amal z'schlafern ang'fangt. Er legt si unter an Baum in Schatten und schnarcht glei' drauf wie a Brettersag' oder als wenn man in recht an dicken Barchent Löcher reißen tät.

Da is der Gottvater mäuserlstad daher kommen, nimmt dem Faulian a Rippen aus'm Leib, geht damit auf sei' Drachselbank – und siehst es, siehst es nit a, hat er in aller G'schwindigkeit a Weibsbild aus dem Boan drachselt g'habt.

Wia der Adam aufg'wacht is, da is dö Kuntin schon neben seiner g'standen und hat ihn ang'lacht.

»Dös is iatz dei' Frau!« hat der Gottvater g'sagt. »Dabei bleibt's. Und schau', daß d' ordentlich damit auskommst!«

»Habt's iatz dö G'sellin auch aus an Patzen Loahm g'macht?« fragt der Adam ganz verwundert.

»Ja, glaubst denn du, i hab' den ganzen Tag nix

G'scheuteres z'tuan, als mit'm Letten ummer z' patzen!« fahrt ihn der Gottvater an. »Wia du di ins Gras niederg'legt, alle viere von dir g'streckt und g'schlafen hast wia a Ratz, hab' i dir hoamli a Rippen g'nommen und dei' Frau g'macht!«

»Jatz habt's mi wohl auch für an Narren!« meint der Adam. »I hab' ja in der Seit' gar koa Loch nit, sieh' koa Bluat und koa Wunden. Aber es muaß völlig do a so sein. Drum hat's mi also da drein so grausli blaht und g'stochen. Wenn i dös nur früher g'wußt hätt' –!«

»Dös is mir a liaber Empfang!« hat si da die neuerschaff'ne G'sellin g'mart. »Wenn du mi nit besser behandelst, nachher lauf' i dir glei' davon! Gelt, bist mir halt neidig, weil i aus an weißen Boan gedrechselt bin und du grad' so aus Letten z'sammen geknetet!«

»Ja, und wenn i mir dö Ripp' nit nehmen hätt' lassen!« is der Adam ganz rabiat worden. »Wia stünd's nachher um di! Nix wärst! Überhaupt nit da wärst!«

»Ja, geht denn iatz glei' schon dö Streiterei los!« mischt si der Gottvater drein. »Ös fangt's früh an! Wia soll denn dös nachher mit der Zeit werden!«

»Dös weiß i nit!« sagt der Adam. »Aber es wär' mir völlig liaber, wenn's ös dös Weibsbild wieder z'ruck nehmen tätet's!«

»Nix da!« ruft der Gottvater. »Erschaffen is erschaffen und bleibt erschaffen! Hättest du dir die G'schicht' z'erst besser überlegt! I hab' dir's ja g'sagt. Jatz is an der Sach' nix mehr z'ändern!«

»I woaß ja nit amal, wia mei' Weib hoaßt, mit der i iatz leben soll?« fragt der Adam kloanverzagt.

»Du kannst ihr selber an Namen geben!« sagt der Gottvater. »Urschel, Babel, Kathel, Nandel, Moidl, Lies, Stasi, Negerl, Everl – da hast a ganze Litanei zur Auswahl!«

»So hoaß' i's halt Everl!« entscheid't der Adam.

»Guat!« sagt der Gottvater. »Jatz paßt's mir aber boade auf, was i enk sag'. Ös habt's da im Paradeis a Herrenleben. Tuan könnt's, was's wollt's den ganzen Tag. Z'arbeiten braucht's gar nix. 's Essen steht alle Tag' g'richteter am Tisch. Meinetwegen lass' i enk die bratnen Tauben ins Maul fliagen. Milch habt's g'nua und Kas und Butter aufs Brot, habt's Küah', Kälber, Ochsen und Schaf'. Von dö Bäum' könnt's Obst abi beuteln, soviel enk freut. Aber oans sag' i enk: Untersteht's enk ja nit, von dem Baum da mittelt im Garten was aberz'reißen. I häng' enk an Strohwisch dran. Damit's ihn glei' von dö andern auseinander kennt's. Wia's mir von den Baum das kloanste Apferl anrüahrt's, müßt's stantepe außi aus'm Paradeis! Da kenn' i nachher koan Pardun nit!«

»A Wort, a Mann!« schwört der Adam hoch und heilig. »I geh' dem Baum gar nit in die Näh'! Und mei'm Weiberl wollt' i ordentlich auf die Pratzen schlagen, wenn sie si etwa unterstünd'!«

»I lass' es ganz g'wiss bleiben! Was geh'n denn mi dö Äpfel an!« verschwört si's Everl.

»Guat is!« sagt der Gottvater. »I will sehen, ob ös Wort halten könnt's! B'hüat enk Gott derweil! Und wenn's etwas braucht's, nachher kommt's zu mir! Führt's enk brav auf, daß i nix Unrecht's erfrag'!« Damit is er beim Paradeis außi und hat dö zwoa ersten Leut' alloan lassen.

A paar Tag' lang is's mit dö zwoa amal ganz guat gangen. Wenn's auch im Tag a paarmal g'stritten haben und glei' drauf wieder anander vor Liab' völlig aufg'fressen haben – grad' wie die Karrenzieher – hat man do im großen und ganzen von an glücklichen Ehestand reden können.

Da kommt amal in aller Fruah, wia der Adam just aus'm Nest krochen is, 's Everl daher, hat an wunderschön' Apfel in der Hand und hat ihn auch schon anbissen g'habt, dös goasgam'rige Ding.

Dem Adam is die G'schicht schon glei' nit ganz richtig vorkommen.

»Hast ihn etwa gar von dem Baum mit dem Strohwisch?« fragt er ganz erschrocken.

»Ja freilich!« lacht's Everl. »Der Gottvater hat uns ja nur tratzen wollen! Dem bin i amal drauf kommen auf seine Schlich'!«

»I bitt' di um Gottes willen, red' nit so daher!« hat der Adam g'sagt. »Jatz is's um uns g'schehen! Jatz werd'n wir mit Schand' und Spott davon g'jagt! Lass' einer so a Weibsbild nur a Minuten alloan aus'm Haus! G'wiß macht sie a Dummheit!«

»Du g'fallst mir aber, du Hasenfuaß!« hat'n 's Everl ausbelfert. »Red' do nit so dumm! Lass' dir erst erzählen! Wia i heut z' Morgen zu dem Baum kommen bin, hängt a langer Wurm dort und sagt: Guaten Morgen, Everl. Bist du auch schon wach? Nimm dir nur an Apfel. Der Gottvater hat nur Spaß g'macht, weil er enk die Wahrheit nit sagen hat wollen. Denn du muaßt wissen, wenn du so an Apfel ißt, nachher wirst schnell a Göttin; und der Adam wird unser Herrgott selber!«

»Sakra! Sakra! Dös is a Wort! Unser Herrgott selber! Dös lass' i mir schon g'fallen! Dös lass' i mir schon g'fallen! Wird der Gottvater drein schauen, wenn's auf amal an andern Herrgott gibt! Es g'fallt mir eh' dös und das nit auf der Welt. Da will i mir's nachher einrichten, wia's mir paßt! Da gib mir nur ganz g'schwind a Stuck von dem Apfel!« hat der Dalk g'meint.

»Hätt'st es früher g'sagt! Jatz hab' i schon den ganzen 'gessen. Nur mehr der Putzen is übrig!«

»Her damit!« schreit der Adam und würgt den Apfelputzen abi, als ob sei' ganze Seligkeit dran g'hängt wär'.

In dem Moment hat's an Dunnerer tan, daß dö zwoa grad' aufg'hupft sein vor lauter Schrecken.

»Jessas! Marand! Josef!« jammert der Adam. »Der Gottvater geht schon zum Paradeisgatter einer. Und was er für a wild's G'sicht macht! Er kommt grad' auf uns zua! G'schwind verstecken wir uns!«

Sein hinter a Stauden und haben da amal g'lost, was weiter g'schehen sollt'.

Der Gottvater hat großmächtige Schritt' g'macht bis vor dö Stauden. »Adam, wo bist du?« hat er g'fragt.

Der Adam muckst si nit.

»Adam, wo bist? I weiß schon das Wia und Wenn! Den Apfel habt's g'fressen!«

»Was fragt's denn nachher, wenn's ös eh' schon wißt's!« hat da's Everl 's Maul nimmer halten können.

»Adam, geh' außer!« fangt der Gottvater wieder an.

»I geh' enk nit außer!« meint der Adam, der zittert hat wie a Lampelschwoaf.

»Außer gehst!«

»I geh' nit außer! Ös tuat's mir etwas!«

»Ob du iatz außer find'st oder nit!«

»I geh' nit außer! I wär' ja's Leben nimmer sicher! I kenn' enk schon!«

Da hat der Gottvater den Adam beim Schopf packt und hat ihn außer zerrt. 's Everl is glei' nachkrochen kommen.

»Da schaut's amal den nixnutzigen Lümmel!« wettert der Gottvater. »Der Herrgott will er werden! Und hat nit amal a Hemd an! Und dö eitle Larven will gar a Göttin werden! Daß i nit lach'! Wenn's Apfelfressen Götter machet, nachher hätt's schon vor enk Hummeln und Wespen g'nua geben, dö ak'rat so g'scheut g'wesen wären! So, Adam, du schaust jatz, daß du dir dei' Brot selber verdianst, und du muaßt halt trachten, daß d' alle Tag' fertig wirst mit'm Erdäpfelschälen und mit'm Muaskochen für deine kloan' Fratzen! Aus is's mit der Herrlichkeit! Schaut's, daß's weiter kommt's!«

»Ja, laßt si denn dös Ding nimmer vermitteln?« red't der Adam drein.

»I bin koa Advokat nit, mit dem du handeln kannst! Jatz hast es g'hört! Packt's enkre sieben Zwetschken z'sammen und macht's mir die Tür' vom Paradeis von draußen zua!«

»Geht's, laßt's es dösmal no verziehen sein!« hat si jatz 's Everl aufs Bitten verlegt. »I will enk ja gern andre Äpfel kaufen! Wia viel's haben wollt's! Wegen meiner a ganzes Star!«

»I hab' schon g'sagt, daß i mit mir nit handeln lass'!« sagt der Gottvater.

»Ja müassen wir denn wirklich außi geh'n?« fragt der Adam no amal, dem's Woanen näher g'wesen is als's Lachen.

»Was denn anders, als außi geh'n! Oder meint's ös vielleicht, i soll enk auf'm Buckel außi tragen!« schreit 'n der Gottvater an und hat allen boaden an Schupfer geben, daß sie glei' bis zum Gatter vom Paradeis g'flogen sein.

Da is schon a Cherubim g'standen mit an aufpflanzten feurigen Schwert, so daß si dö boaden Sünder gern schleunig druckt haben.

Mit dem Weiberleut-Verdruß hat 's Elend auf der Welt ang'fangen. Plagen und schinden müassen wir uns wegen dem dalketen Weibsbild, dös in Äpfel hat beißen müassen. Und z'letzt kriagt uns no der Tod beim G'nack.

Drum hab' i 's ja glei' von allem Anfang merken lassen, daß i dö Weiberleut' nit schmecken kann, weil's an allem schuld sein und weil's do no alleweil die G'scheutern sein wollen, so dumm sie's auch von allem Anfang an g'macht haben.

Erdäpfel und trocknen Türkenwürler hat der Adam fressen müassen, daß ihm der Staub beim Rachen außi g'flogen is. In der Familli hat er auch Verdruß g'nuag g'habt, wia der Kain den Abel erschlagen hat.

Und die Moral von der G'schicht' is: Hand von der Butten; kratz' di nit, wo's di nit beiß't. Und blas' di nit, wo's di nit brennt!

Dem teuflischen Wurm, der 's Everl dran kriagt hat, is's übrigens auch nit guat gangen. Er hat seiner Lebtag lang Staub fressen müassen, bis ihm nachher 's G'nack zertreten worden is.

Von die Leut' und ihre Dummheiten habt's jatz g'nuag g'hört. Jatz verzähl' i enk was von dö Engel, dö's übrigens teilweis auch nit viel g'scheuter g'macht und no viel schlechter troffen haben.

Drittes Hauptstück

Von dem sakrischen Luziferl und andern g'stürzten Engeln. Von Beschaffenheit und Tiaf'n der Höll' mit a eindringlichen Predigt für verstockte Sünder. A Kapitel, abscheulich zu lesen

Wia der Gottvater den Himmel erschaffen hat, da hat er für den auch glei' um a Einwohnerschaft umg'schaut und hat die Engel g'macht. Dös sein lauter Geister, weil man sie für g'wöhnlich nit sehen kann.

Im Himmel droben haben die Engel a Leben g'habt, wia halt's Leben im Himmel schon amal is. Alleweul g'nuag z'essen und z'trinken. Auf goldene

Stühl' sein's g'sessen und an goldene Tisch' haben 's die feinsten Braterl schnabuliert.

Unsereins, wann er wo hin will, muaß schwitzen und muaß si strappeln, tüchtige Schuah' anziehn und an tollen Stecken nehmen. Und wenn d' amal auf die ältern Tag' kommst, nutzen dir Schuah' und Stecken auch nix mehr. Seit sie die Eisenbahn erfunden haben, is freilich a Mittel, wenn oaner an weiten Weg hat.

Aber dös kost't a Heidengeld. – I bin amal meiner Lebtag no nia mit der Bahn g'fahren, weil mi alleweil's Geld g'reut hat. Und nachher hab' i dem Ding auch nia recht traut. Wia oft is schon so a Lokomotibi scheu worden und hat all's z'sammen g'rempelt, daß 's wahrer Graus war.

Die Engel, dö haben's viel bequemer, wenn sie auf d' Roas geh'n. Brauchen koan' Fuaß z'rühren, koa Roß einz'spannen und koa Fahrkarten z'kaufen. Sie tuan ihre Flügel ausanander – und dahin geht's wia der Wind.

Wenn i amal in Himmel kommen sollt', was i nach a paar Jahrlen im Fegfeur hoff' – es hat a jeder no a Kloanigkeit abz'büaß'n – so freu' i mi am allermeisten aufs Fliagen.

Wenn mir amal an die Achseln d' Flügeln g'wachsen sein, hab' i schon mein Plan g'faßt. Da lass' i mi schön stad auf die Welt aber, mittelt im Sommer. A Tag muaß's sein, so heiß, daß man auf'm Fensterbrett Ei'r sieden könnt'.

Wenn i nachher herunten bin, schwing' i mi von oan' Bergspitz auf'n andern, betracht' mir die Gegend von oben, zünd' mir a Pfeiferl voll Tabak an – im Himmel selber wird man wahrscheinlich nit rauchen dürfen – und lach' die Bergkraxler aus, wenn sie so auferkeuch'n mit ihre schweren Rucksäck'.

Z'letzt lass' i an Jodler ab, daß sie nit wissen, woher er kommt. Und nachher in oan Hui wieder z'ruck in Himmel!

Wenn's oan' z'guat geht, nachher wird man übermütig. Dös is a alte Erfahrung und gilt nit nur für die Leut' und für die Rösser, wenn's der Hafer sticht, sondern auch für die Engel.

Und wia auch unter der besten G'sellschaft alleweil so a paar Tröpf' sein, dö unmöglich guat tuan können, sein unter d'Engel auch solche G'sellen drunter g'wesen, dö nimmer g'wußt haben, wo an und wo aus vor lauter Hochmuat.

A Spitakel haben's dir g'macht, daß der ganze Himmel zittert hat und nit amal der Gottvater mehr sei' Ruah' g'habt hat. Den ganzen Tag haben's nix als g'soffen und g'spielt und krakehlt und aufdraht, daß's a wahre Schand' g'wesen is.

Der Erzengel Michael hat vom Gottvater aus die Oberaufsicht über die andern g'habt. Dem is eines Tag's die G'schicht' z'dumm worden, und er hat sie oan' von dö ärgsten Rebellen z'leihen g'nommen.

»Jatz möcht' i grad' wissen«, sagt der Michael, »ob

jatz bald a Ruah' wird! Da heroben geht's ja bald zua wia in an Narrenturm!«

»Reiß' nur nit 's Maul so weit auf, du Oberkommandierer du!« hat der Spitakelmacher glei' g'schrien.

»Mir lassen uns von dir gar nix sagen und tuan ak'rat so, wia's uns g'freut! Wenn gar koa G'spaß mehr verlaubt wär', wer wollt' denn nachher no in Himmel einer! Da soll der Teufel Engel sein, nit wir!«

»Bist jatz bald fertig!« sagt der Erzengel. »Schaut's den lausigen Ratscher an! Sein ihm eh' no kaum die Flügel recht g'wachsen, und is no gar nit amal trocken hinter d'Ohren!«

In dem Augenblick kommt der Engel daher g'flogen, der g'rad' am selben Tag im Himmel die Wacht g'habt hat. Völlig nimmer derschnauft hat er's vor lauter Eil'.

»I hab' was z'rappartier'n!« hat er g'ruafen. »Im ganzen Himmel is a Alarm. Der Luziferl is narrisch worden. Und der Belzebua und der Belial tuan wia die Wilden! Den Gottvater wollen sie absetzen. Der Luziferl, der sakrische Bengel, will selber Gottvater werden! Hast so was schon amal g'hört!«

»Da hoaßt si's auf d'Füaß' stellen!« sagt der Erzengel. »Also der Luzifer! Dös is der Dank dafür, daß der Gottvater den Lümmel zu an Engel g'macht hat! Hätt er'n unten auf der Welt an Hanswursten werd'n lass'n, wär' er besser aufg'hoben g'wesen. G'schwind, Wachtengel, lass' die Trommeln schlagen! All's soll si auf dem Platz da versammeln, Stangen, Spieß' und Dreschflegel mitnehmen! Nachher wollen wir der hochmütigen Bagaschi schon außi zünden! Wer nit binnen a Viertelstund' da is, kriagt drei Tag Arrest, und werden ihm a glei für a halb's Jahr die Flügel g'stutzt!«

Der Wachtengel is in oan' Surm davon. Den andern rabiaten Engel hat der Michael glei' selber beim Kragen g'nommen und hat'n in den Verschlag unter der Himmelsstiagn eing'sperrt.

Währenddem sein der Luziferl und die andern Rebeller hoamlich hinter a Wetterwolken g'hockt und haben oan' Plan um an andern ausbrüatet, wia sie Herr werden könnten.

»Los!« spitzt der Belial die Ohren. »Mir scheint gar, sie tuan trommeln!«

»Da schau«, deutet der Belzebua aus der Wolken außi; »da kommt schon a ganze Kumpanie Engel daher g'flogen!«

»Wegen meiner gibt's an Kriag ab!« hat si der Luziferl g'waltig in die Brust g'worfen.

»Um Gottes willen nur koan' Krieg nit!« jammert der Belzebua kloanverzagt und fangt elendig z' zittern an. »I kann koa Bluat nit sehen; und's Schiaß'n kann i auch nit vertragen!«

»Lass' di als Nachtwachter anstellen! Da brauchst grad' an Spieß umadum z'schleppen; und der geht nit los!« schreit ihn der Luziferl an. »Da kommt mir jatz a g'scheuter Gedanken! Wißt's was, Buab'n? Bis dö andern in Reih' und Glied aufg'stellt sein, vergeht eh' no a halbeter Tag. Da schleichen wir derweil in Keller abi und saufen uns a rechte Schneid'!«

Der Luziferl is also mit der ganzen Bande in Keller und hat's größte Faß Kalterer Seewein anzapft, dös drunten z'finden war. Der Wein hat eigentlich nur für die Erzengel g'hört.

Die andern Engel haben si beim Michael versammelt. Wia sie schon zum Abmarschiar'n fertig g'wesen sein, kommt der Wachtengel mit an ganz krebsroten Kopf daherg'rennt. Ganz hoaser is er g'wesen vor lauter Schreien, und bald wär' er si in der Eil' auf die eigenen Flügel treten.

»Viktoria!« hat er g'schriar'n. Dös hoaßt nämlich soviel, als jatz hat's eing'schlagen! – »Wir haben sie schon! Den Luziferl und die ganze Bagaschi beianander. Wia i beim Keller vorbei patraliart bin, hör' i da unten a verdächtig's G'räusch. I schleich' mi auf die Zehen zum Kellerluck und spekaliar' abi. Richtig, hockt die ganze Schwefelbande da unten und laßt si's wohl sein. Bei oan' Haar hätt' mi der Zorn packt. Halt! denk i, nur stad bist! I hab' mi vom Kellerluck wegdraht, bin zur Kellertür' g'schlichen, hab' sie zuag'schlagen und den eisernen Riegel vorg'schoben! Jatz hocken sie alle mitanander unten wia die Mäus' in der Trappel. Dö dummen G'sichter vom Luziferl, Belzebua und Belial hättet's sehen sollen! Jatz sprotzen's all außer beim Gitterl als wia die G'spenster!«

»Das hast brav g'macht! Allen Respekt! Kriagst heut' no an Fleißzettel!« hat der Michael den Wachtengel vor der ganzen Front öffentlich g'lobt. »Jatz wollen wir uns oan' nach dem andern außerfangen. Nehmt's Strick' und Ketten mit, damit uns koaner durchgeht!«

A Viertelstund' später sein alle Rebeller, mit die Händ' auf'n Buckel 'bunden, der Luziferl voran, vor'm Gottvater g'standen. Der hat anders wild dreing'schaut.

»So«, hat er g'sagt, »jatz is mei' Geduld z' End'! I hab' mir dö Wirtschaft lang g'nuag ang'schaut! Weil's als Engel nit guat tan habt's, müaßt's halt Teufel werd'n! Vielleicht schmeckt's enk in der Höll' drunten besser. Hörner lass' i enk wachsen aus'm Kopf und statt die Flügel an langen Schwanz. Da könnt's nachher im höllischen Feuer unten aufwarten und wedeln, so lang's wollt's, und betteln: Lass' mi außi! Lass' mi außi! – Da gibt's nix mehr! Was amal a Teufel is, kann koa Engel nimmer werden! Und jatz also marsch! I will enk nimmer sehen!«

Da haben der Luziferl und die andern Rebeller schauderhaft aufbrüllt, weil sie's höllische Feu'r schon im ganzen Leib g'spürt haben, und sein vom Himmel abi g'stürzt bis z'unterst in die Höll', wo sie in alle Ewigkeit braten müass'n!

Wer si dös no nit zu a guaten Lehr' sein laßt, der

muaß schon a recht verstockter Sünder sein. Weil aber so verstockte Sünder mehr auf der Welt umadum laufen, als g'stutzte Hund', will i enk zum Schluß von dem Hauptstück die Höll' no recht eindringlich schildern, wia i mir's halt vorstell' und wia's auch nit viel anders sein kann.

Glei', wia d' den ersten Schritt abi tuast in d'Höll', nimmt di a Dutzend Teufel in Empfang. Der Oberteufel drunter bringt's höllische Patrakollbuch. Da wirst eintragen und kriagst dei g'wisse Numero, damit di der höllische Schürmoaster glei' z'finden woaß, wenn sie di später am Spieß braten.

Wenn d' eintragen bist, muaßt selber unterschreiben. Und wenn d' nit schreiben kannst, nachher tauchen sie dir dein' Schädel in'n Tintentegel und zeichnen damit drei Drudenfüaß' unter dei' Rubrik.

Wenn dös vorbei is, nachher muaßt mit dö andern Teufel Bruaderschaft trinken. Da lernst du zum erstenmal das höllische Weinderl kennen. Es schmeckt so beiläufig wia glüaniger Schwefel mit Waldpech abg'schmalzen.

Wenn d' mit alle Teufel per du bist, kommt der Oberteufel, schlagt dir mit an Stemmeisen zwoa Löcher in dein' Schädel und setzt dir Pelzer ein, damit dir die Hörner wachsen. Der Schwanz wachst dir schon von selber.

Nachher wirst überhaps mit Stiefelwix lackiert, daß du die richtige Farb' für da drunten kriagst. Die Zungen wird dir in an Gluatofen feurig g'macht. Die Haar' werden dir alle einzeln ausg'rissen und dafür Borsten eing'setzt.

Beim höllischen Schmied wirst fein sauber an beide Haxen b'schlagen, damit dir a solide Unterlag' nit fehlt. Wenn d' an faulen Zahn hast, dann stüren die jungen Teuferln dir solang mit a feurig'n Nadel drin umadum, bis du die richtigen Bocksprüng' erlernt hast, wia si's für an ordentlichen Teufel g'hört.

Die Zehen werden dir mitsamt die Hüahneraugen einzeln abzwickt, damit die Hufeisen besser halten. 's Maul wird dir auf boade Seit'n bis zu die Ohren aufg'schnitten, daß du's nimmer z'sammen bringst und zu der ganzen höllischen Unterhaltung leichter lachen kannst. Von die Fangzähn', dö dir wachsen und dir Tag und Nacht weh tuan, will i gar nit reden. D'Ohren werden auch lang g'nuag, damit sie di leichter dabei erwischen können und damit die höllischen Ohrfeigen Platz haben. Wenn d' so ausg'staffiert bist, wirst a Wochen lang in a Essigboaz g'legt, damit du mürb g'nuag zum Braten wirst und daß dir alle Flausen vergehn, dö d' etwa no im Hirn hast.

Bist mürb, dann nehmen sie di aus der Boaz', stekken di an Spieß und tragen di in Unterhaltungssaal, damit die andern Teufel zuaschauen können, bis du den richtigen Bratelg'ruch kriagst. Dabei spielt dir a krautwalscher Hausierer auf seiner Ziagorgel an Schuahplatter auf, daß 's dir nit langweilig wird.

Im Unterhaltungssaal geht's derweil so lustig zua, wia's nur in an Theater sein kann, wo sie a pudelnarrische Kamedi spielen.

Parterr' gibt's aber im höllischen Theater koan's, weil sie von untauf hoaz'n tuan. In dö Luschen hocken die reichen Teufel und schauen mit ihre Spekaliereisen auf di abi. Die armen Teufel sein auf der Kawalleri oben. Dö sehen si ohne Spekaliereisen und Spektivi auch g'nua.

Wenn d' die ganze Vorstellung überstanden hast, nachher darfst di a Viertelstund' ausrasten. In der Zeit kannst dem Teufel seiner Großmuatter a Busserl geben und dir dabei dein' Schnauzer verbrennen oder mit dö frisch eing'fangten Teufel Bruaderschaft trinken – was dir liaber is!

Is dö Viertelstund' vorbei, nachher geht's wieder von vorn an.

's allerärgste kommt aber erst. Wenn du auf derer Welt a recht böses Weib g'habt hast, kriagst es in der Höll' wieder, damit a kloan's Andenken hast und in der Viertelstund' Rast nit etwa z'übermüatig wirst.

Dö größte Höllenstraf' kommt zwar zum Glück nit oft vor, weil dö meisten Mannsbilder, dö mit so an z'nichten Rafflscheit schon die Höll' auf der Welt heroben g'habt haben, vom Mundauf in Himmel kommen.

Tiaf is die Höll' schauderlich. Alleweil geht's weiter abi, wia in an enzgroßen Trachter, und nimmt gar koa End' nit. Je weiter abi kommst, desto mehr erdrucken und ermaggen sie di, weil's alleweil enger wird – und desto größer is die Hitz. Dös wirst dir wohl vorstellen können!

Dabei geht der Trachter als wia a Rad alleweil um und um , daß dir ganz schwindlig im Kopf wird und du dir gar nimmer z'helfen woaßt. Von unten wird g'schürt, daß a Bachofen nix dagegen wär' – und von oben wird alleweil siadige Laugen nachgossen.

Wenn di no nit's Grausen angeht, Bua, und wenn du di no nit bekehrst, nachher kann i dir nimmer helfen – beim besten Willen nit!

I rat' dir, tua Buaß', bevor 's zu spät is! Sauf' und spiel' und fluach' nit z'viel auf derer Welt, speanzel' nit zu'viel mit dö Diandln umanand', denn unnütze Wort' bringen unnütze Werk!

Die Diandeln und Weiber dürfen aber etwa nit glauben, daß es ihnen amal besser geht und daß man ihnen auf an extran Stüahlerl herhockt und ihnen a extrane Suppen einbrennt!

D'Weiberleut' kriagn's no viel ärger in der Höll' drunten, wenn's auf der Welt nix tan haben, als Leut' verlästert, Ehr' abg'schnitt'n und Unfried' g'stiftet. Wenn's auf der Welt schon nit mitananander g'schaffen haben, müassen's anander in der Höll' erst recht zerkrahlen. Und dös will was sagen! Da g'schieht's nachher mit feurige Nägel!

Dreinschauen werd'n auch amal dö Diandln, dö

falsch sein und ihrer Lebtag nix tan haben, als Buab'n abfexiart und für an Narren g'halten. Dö sollen si nur fein dös G'satzerl hinter die Ohren schreiben, dös schon von an ganz alten Schriftgelehrten sein muaß, weil 's soviel wahr is . . .

Dö Diandeln, dö falsch sein,
Dö werden's amal g'spür'n,
Dö werden a abscheuliche
Himmelfahrt kriag'n!
Kommen's aufi in Himmel,
Steht der Teufel vor der Tür:
»Bist allweil so falsch g'west!
Ob d' hergehst zu mir!«

Viertes Hauptstück

Von dem großen Wasser und dem Noah sei'n Weinrausch

Wia's im Himmel droben nimmer gut tan hab'n, so is's auch auf der Welt herunten bald nimmer z'sammen gangen. Es is a alte Haub'n, bald's an Menschen z'wohl is, fangt er an, Sprüng' z' machen.

Die Leut' hab'n si mit der Zeit um gar nix nit mehr kümmert, um koan' Herrgott und um koan' Teufel. Jeder is no der Schlechtere g'wesen als der andere. Wenn man über die ganze Welt a Dach baut hätt', nachher hätt' man die reinste Lumpenhütt'n schön bei'nander g'habt.

Der Gottvater, der eh' länger als lang mit der Bande, dö er do mit allem, was zum Leben notwendig war, reichlich ausstaffiert gehabt hat, a wahre Engelsgeduld b'sessen hat, 's jetzt do über dö ganze Wirtschaft wild worden.

»Dem Ding können wir ja a End' machen!« hat er si denkt. »Hab' i enk erschaffen, kann i enk ja von derer Welt wegputzen auch wieder, wenn gar nix mehr nutzt, weder mit Guaten no mit Schlimmen! I brauch' ja koane Leut' mehr auf der Welt. Dö kann ohne enk auch existieren! A letzte Frist setz' i enk no! Jatz will i 's no a hundertzwanzig Jahrlen mit enk probieren. Wenn's bis dahin auch no nit Zeit g'funden habt's, g'scheuter z'werden – nachher geht's Donnerwetter los! Und dös gehörig, damit's amal seht's, wer der Meister is!«

Wia der Gottvater den Entschluß g'faßt hat, so hat er si glei' drauf mit'm Noah ins Einvernehmen g'setzt, der dazumal mit seiner Familli no der oanzige anständige Mensch auf der ganzen Welt war.

»Noah!« hat er g'sagt, »i sieh's schon, daß 's a so nimmer weiter geh'n kann. Die Leut' sein ja ärger wia die Viecher. A Viech hat wenigstens no Rand und Band. Aber dö Höllenbruat, dö mir da mit der Zeit aufg'wachsen is, woaß überhaupt nimmer, was sie tuat. Wenn dö Sünden, dö's jatz auf der Welt gibt, zu lauter Mucken wurden, nachher müaßten si's Sonnenliacht beim helliacht'n Tag verdunkeln! Was glaubt denn eigentlich dös G'sindel, wer's is! Da moanet ja bald jeder Straßenrauber, er sei mehr als der Herrgott! Wia g'sagt, ich kann's und will's nit länger mit ansehen. Und was i amal b'schlossen hab', dabei bleibt's! – Weil du, Noah, di aber bis dato alleweil brav aufg'füahrt hast und mir nia den geringsten Anlaß zu a Klag' geben hast, tät's mir wirklich in die Seel' eini load, wenn du mit dö andern z' Grund gehen müaßtest. I will dir also an guaten Rat geben. Bau' aus Holz an langen und großen Schiffskasten, drei Stockwerk hoch. Den streichst inwendig und auswendig tüchtig mit Pech an, damit koa Wasser nit eini kommt. An oa Tür zum Einigeh'n und an oan' Fenster zum Außiluag'n hast grad' g'nua. So an Kasten hoaßt man a Archen. Du brauchst nur grad' in der biblischen G'schicht' nachz'schauen. Do is sie ganz genau abzeichnet, daß du di darnach halten kannst. Wenn i nachher mit dem Boxelevolk auf derer Welt amal aufz'raumen anfang', werd' i dir's schon an paar Tag früher sagen. Nachher packst deine sieben Zwetschken z'sammen, nimmst dei' Familli mit und von alle Viecher, dö auf der Welt sein, a Paarl. Z' essen richtest du dir auch rechtzeitig g'nua her, damit ös in der Archen nit Hunger leidet's und ordentlich z'leben habt's.«

Der Noah hat si dös nit zwoamal sagen lassen, is am anderen Tag glei' Holz schlagen gangen und hat mit'm Bau von der Archen ang'fangen.

Hundert Jahr' lang hat er damit braucht, weil die

Menschen dazumal viel länger g'lebt hab'n und weil er zu dem Zimmerhandwerk auch grad' nit an jedem Tag Zeit g'habt hat.

Die freie Zeit hat er tüchtig ausg'nutzt und denen Leuten, die von Jahr zu Jahr no viel schlechter worden sein, saftige Buaßpredigten g'halten. G'nutzt hat's freilich rein gar nix. Z'erst sein die Leut' hingangen, weil's ihr' Hetz' g'habt haben. Z'letzt hat sie aber koa Mensch mehr sehen lassen. Ausg'lacht haben's den Noah von allen Anfang an. Der Archenbau hat ihnen gar nit in Schädel wollen. Der Noah müass' wohl um a paar Raderln z'viel im Hirn haben, haben's g'moant.

Alleweil fideler is's worden auf der Welt. Oa' Hochzeit hat's nach der andern geben. Die Musikanten haben Tag und Nacht aufg'macht, landlerisch und schiaberisch, wia 's halt verlangt worden is. Und die Leut', Buab'n und Diandeln, Alte und Junge haben si völlig die Füaß' weg tanzt.

Bet't hat koa Mensch koan' Vaterunser mehr. Dafür haben's aber g'nuag g'fluacht und spottschlechte Liader g'sungen. D' jungen Leut' sein aufg'wachsen ohne Glauben und ohne Herrgott, grad' wia 's liabe Viech im Stall. Die meisten drunter haben in ihrem Leben überhaupt gar koa Kirchen g'sehen.

Die König' und andern großen Köpf' sein nit besser g'wesen, als das g'moane Volk; denn wenn sie mit guatem Beispiel voran 'gangen wären und ordentliche G'setzer g'macht hätten, dann hätt's überhaupt nia so weit kommen können, wia's bald drauf kommen is.

Wia der Noah sei' Archen fertig baut hat g'habt, innen und außen jede Lucken sorgfältig mit Pech verstrichen, is der Gottvater wieder zu ihm kommen.

»Jatz, Noah«, hat er g'sagt, »jatz hast Zeit, daß du di verduftest; denn in a Wochen lass' i's angehen!«

Der Noah nimmt sei' Familli, den ganzen Viechstand, Mehl, Eier und Brotlaib' g'nua, Butter und Schmalz nit z' vergessen, und 's ganze Kuchelg'schirr und is so schleunig als möglich in der Archen einzogen.

Die Tür' hat er guat verrammelt und 's Fenster auch zuag'macht und hat si denkt: So, wegen meiner kann jatz kommen, was da will! Mehr als 'n Kopf kann's nit kosten!

Die andern Leut', wia's den Noah in die Archen haben abziah'n sehen, haben hellauf g'lacht: »Jatz hat sie der alte Narr 's Hirn ganz verrenkt! Sein wir froh, daß wir 'n los sein! Haben wir wenigstens koa z'widers G'sicht mehr unter uns! Denn die letzte Zeit hat er ja wirkli schon drein g'schaut wia neun Tag' Regenwetter!«

Wia neun Tag' Regenwetter und no mehr ausschauen, dös haben's übrigens bald drauf g'sehen und z' schmecken kriagt.

Dö letzte Wochen is in oan' Rutscher ummer g'wesen. Da hat's in aller Fruah so schön stad z'regerln ang'fangt – und immer mehr und immer stärker. Wia 's Mittag worden is, hat's schon g'schüttet wia mit Wasserschaffeln. Und gegen z'Nacht war a Geplatsch, als wenn's vom Himmel aber lauter Waschzuber ausleeren täten.

Dazua hat's blitzen und donnern ang'fangen. Die Flüss' sein austreten und haben 's Land überschwemmt. Die Wildbach' sein kommen und haben alles mitg'rissen.

Da is denen Leuten schön langsam die Schneid' vergangen. A Toal haben g'fluacht wia die Krowatten, und a Toal haben ang'fangen z'beten, so guat sie 's halt no können haben. I glaub' aber, daß koa oanziger von der ganzen G'sellschaft no an ordentlichen Rosenkranz z'sammen 'bracht hat.

Hat aber alles nix g'nutzt, 's Fluachen nit und 's Beten nit. Vierzig Tag und vierzig Nächt' lang hat's g'regnet ohne aufhören.

Z'erst sein die Leut' auf die Hausdächer und Bäum' kraxelt, um dem großen Wasser ausz'kommen. Wia die Sündfluat aber alleweil höher g'stieg'n is, sein's bis auf die höchsten Bergspitzen aufi vor lauter Verzweiflung.

Wer seiner Lebtag lang no nia auf an Berg war und alleweil bequem vier- und sechsspannig in a Kutschen g'fahren is, hat damals Bergsteigen lernen müass'n. Und die dicksten Schmerbäuch', dö's sonst früher kaum über a Stiag'n erschnauft haben, hat's an dö Wänd' und Schrofen aufikrallen g'lernt, als wann's Gamsen g'wesen wär'n.

All's hat 's nix g'nutzt. Bis zu dö höchsten Berggipfel is's Wasser g'stiegen. Oaner nach'm andern hat dran glauben müass'n, daß 's jatz für ihn Matthäi am Letzten is!

Wia alles schon in dem großen Wasser ersoffen war, sein z' allerletzt nur mehr a König und sei' Hofnarr übrig blieben. Dö zwoa sein mitanander auf'm allerhöchsten Berg auf a Zirbel g'sessen. 's Wasser is ihnen aber auch schon bis an die Wadel gangen.

Der König hat sei' goldene Kron' no auf'm Haupt g'habt; denn er hat sie denkt: Wenn i no mit 'm Leben davon komm', muaß man do nąchher kennen, wer i bin! Der Hofnarr hat si no in der G'schwindigkeit alle Taschen voll Geld ang'schoppt g'habt, damit er do durch die Welt kommt, wenn etwa z'letzt do no a Mittel gegen's Ersaufen wär'.

»Siehst es, Majestät, da hast es!« hat der Hofnarr zum König g'sagt. »I hab' dir's alleweil prophezeit, daß unser Herrgott amal Ernst machen wird! Aber wer's nit glaubt hat, bist du g'wesen!«

»Hinternach reitet die alte Urschel!« sagt der König in oan' Zorn. »Mit so überflüssigen Reden kannst mir vom Leib bleiben! Hab' i di vielleicht deswegen g'fuattert, daß du mir in so a verflixten Lag' no lang Moralpredigten haltest! Glei' lass' i di einsperren!«

»Dös möcht i wissen, wohin?« lacht der Hofnarr.

»Hör' auf jatz mit deine Faxen!« laßt'n der König an. »Mir is übel g'nua z'Muat. Lass' a g'scheut's Wörterl mit dir reden. 's Wasser kommt alleweil höher. Es geht mir schon bis an mein' Magen. Lass' mi auf dein' Buckel aufer steigen, daß i a bisserl höher z' sitzen komm!«

»Und i eher ersauf'! Dös ging mir ab und a Loch im Kopf!« sagt der Hofnarr.

»I will di fürstlich belohnen!« moant der König in seiner Höllenangst.

»Was gibst mir denn nachher?« fragt der Hofnarr, den do der Habern g'stochen hat.

»I gib' dir an neuen Orden.«

»Brauch' koan' mehr. Hab' eh' schon a Dutzend.«

»I mach' di zu mei'm Hofmarschall.«

»Da hab' i nix davon. Is ja der ganze Hof ersoffen.«

»Zum Finanzminister!«

»Zahlt ja koa Mensch mehr Steuern!«

»Ja, was soll i dir denn nachher geben?« fragt der König, dem's Wasser schon bis an Hals gangen is.

Der Hofnarr b'sinnt si a Weil' und moant: »Wenn du mir dei' Kron' gibst, nachher lass' i di meinetwegen auf mein' Buckel steigen.«

»Da hört sie do all's auf! So an Frechheit! Das is ja a Majestätsbeleidigung!« schreit der König voller Zorn.

»Beleidigung hin oder her! Die Kron', oder i b'halt' mir mein' Buckel für mi selber!«

Der König hat si no a Weil' g'wehrt. Wia ihm aber 's Wasser schon ins Maul g'ronnen is, hat er die Kron' do hergebn' müass'n, dö sie der eitle Narr glei' aufg'setzt hat. Der König is auf sein' Buckel kraxelt und hat si von seiner Angst a bisserl ausg'schnauft.

Jatz is aber dem Narren 's Wasser auch schon völlig bis an d'Nasenlöcher 'gangen. Da hat er si beutelt und schmeißt'n König mit an tüchtigen Ruck von sei'm Buckel mittelt ins Wasser außi.

»I lass' di einsperren! I lass' di köpfen! Vierteilen lass' i di!« hat der König no g'schrier'n. Nachher hat'n 's Wasser g'schluckt.

der Narr hat si no a Zeitlang g'reckt und g'streckt und is auf das höchste Asterl von der Zirbel kraxelt. Er hat's do endlich einsehen müass'n, daß alles umsonst war.

»Sakra! Sakra!« hat er zu ihm selber g'sagt. »I wollt' no gar nix sagen, wenn's Wasser nit so naß wär'! A so kann's oan' geh'n. Dös kommt alles daher, wenn man von Jugend auf nix nit g'lernt hat – nit amal 's Schwimmen!« Sagt's, gibt si an mächtig'n Schwung und springt ins Wasser außi und is nach a paar Zappler untergangen.

Die goldene Königskron' hat er aber, weil sie ihm zu schwer worden is, früher no aufs Wipfel von derselben Zirbel g'stülpt, wo sie hängen blieben is. Glei' drauf hat's z'regnen aufg'hört. In spätern Zeiten hat man dö Kron' g'funden und hat's wieder nachg'macht. Wenn sie der Hofnarr nit z'ruckg'lassen hätt', wär' man gar nimmer drauf kommen, wia so a Ding ausschaut.

Die Arche Noah is derweil gemüatlich auf'm Wasser

g'schwommen. Leut' und Viech sein drein pumperl-g'sund g'wesen. Der Noah hat si selber und seiner Familli nix abgeh'n lass'n. Während's draußen zuagangen is, wia nia davor und auch nia darnach, haben's in der Archen guat g'lebt wie der Herrgott in Frankreich.

Z'letzt is aber dem Noah in der Archen do a bisserl langweilig worden, und z'gleich hat's ihn g'wundert ob dö Überschwemmerei nit bald a End' nimmt. Da hat er an Raben beim Fensterluck außi lassen. Der hat si auf Nimmerwiederseh'n empfohl'n. A Tauben, dö de Noah nachher auslassen hat, is aber wieder z'ruck kommen; und a zwoate Tauben hat gar a grüan's Zweigerl im Schnabel mit hoambracht.

»Holla!« denkt si der Noah, »jatz is's nimmer weit g'fehlt!«

Richtig hat's der Archen glei' drauf an damischen Rucker geben, daß's Kuchelg'schirr ang'fangen hat z'klappern. D'Archen is auf an hohen Berggipfel sitzen blieben.

Hat nimmer lang dauert, bis si's ganze große Wasser hat verlaufen g'habt und der Noah mit sein'm Haus- und Viehstand wieder hat aus dem Kasten kriachen können.

Kannst dir denken, was er für a Freud' g'habt hat. Denn völlig a ganzes Jahr in inwendig und auswendig verpechte Wänd' eing'sperrt sein und koan' Tag z'wissen, was 's Neu's gibt, ob's g'haut oder g'stochen hergeht, dös is weiter auch koa Kloanigkeit.

Auf dem Berg, wo d' Archen stecken blieben is, hat der Noah in aller G'schwindigkeit an Altar baut, a paar Schaf' abg'stochen und a Opfer bracht, wia's halt dazumal no der Brauch war.

Auf der Welt hat wieder Troad und Gras z'wachsen ang'fangt, und dem Noah sein Viechstand hat si auch wacker vermehrt. Leut' sein auch wieder mehr worden. Der Noah hat a recht große Verwandtschaft kriagt.

Soweit wär' alles guat gangen. Oa Jahr is schöner g'wesen, als 's andere. Grad' oamal hat's mit 'm Noah arg g'happert. Dös muaß i enk no zum Schluß von dem Hauptstück verzählen.

A entfernter Verwandter vom Noah hat a Wirtshaus auftan, weil dös schon damals ganz a einträglich's G'schäft war.

»Ah was!« denkt si amal der Noah, »dös ewige Dahoamhocken wird mir auch mit der Zeit z'dumm. G'sellschaft gibt's eh noch bluatwenig auf der Welt. Suach' i grad' amal mein' Vetter hoam, schauen, was er macht und ob i nit a paar Bekannte dort triff', mit denen man a g'scheit's Wort reden kann über die gegenwärtige Weltlag'!«

Der Noah b'sinnt si nimmer lang und macht si stad auf'n Weg. A bisserl auf der ältern Seiten is er damals auch schon g'wesen. So hat er den ganzen Vormittag sauber bracht, bis er zu sei'm Vetter, der a Stückl über'm Berg g'haust hat, g'hatscht is.

Beim Wirt is's zuagangen wie im ewigen Leben. Kannst dir wohl denken: damals 's oanzge Wirtshaus auf der ganzen Welt. Und Durscht haben die Leut' dazumal auch schon g'habt.

Der Noah is freilich sein Leben lang no nia in an Wirtshaus g'wesen, weil er nia geh'n hat können. Vor'm großen Wasser hat er ja alleweil mit Archenbau und Predigen z'tuan g'habt und hätt' denen Leuten das schlechte Beispiel auch gar nit geben dürfen, daß er si in a Wirtshaus eini g'hockt hätt'. Und nach 'm Wasser is er halt no nit recht dazua kommen g'wesen.

Der Wirt, sein Vetter, der hat ihm glei' die Hand druckt, wia er ihn g'sehen hat, und begleitet den Noah in die Stuben. Da drinnen is's g'steckt voll g'wesen und alles hat a damische Gaudi g'habt, daß si der Noah auch amal anschauen laßt.

»Jatz woaß i nit«, sagt der Noah, »Vetter, hast du rote Gläser in deiner Wirtschaft oder is dös G'süff, dös du ausschenkst, ganz rot. Da kenn i mi gar nit aus!«

Dös is dem Noah nit z'verargen g'wesen. Er hat ja nia nix anders trunken g'habt, als Wasser und Milch und dö am liabsten kuahwarm. Sei' liebst's Getränk aber war kuahwarme Goaßmilch. Der Wein is erst bald nach der Sündfluat erfunden worden. Schad', sonst wären bei dem großen Wasser a paar Weinpantscher auch glei' mit ersoffen! – Und vom Biar oder Schnaps steht überhaupt koa Sterbenswörterl in der ganzen biblischen G'schicht'.

»Ja, du bist no um a ganzes Jahrhundert z'ruck!« sagt der Wirt auf 'n Noah sei' dalkete Frag'. »Dös is ja dös neue Trankl, dös die ganze Welt rebellisch macht!«

»Wär' nit übel!« sagt der Noah. »Wasser kann's koans sein, weil's Wasser seiner Lebtag koa Farb' g'habt hat. Deine Küah' werden do nit am End' a rote Milch geben?«

»Warum denn nit?« lacht der Wirt.

»Ja, und da lachst du no dazua?« is der Noah ganz damisch worden. »Da is ja dei' ganzes Viech krank. Dös kannst ja nachher abschlagen lassen, wann d' willst. Und die Leut' saufen dir dös Zeug und sein no kreuzfidel dabei! Dö müassen ja an Magen haben wia Sohlleder! Mir scheint, um was die Welt früher z' g'scheut und z' g'witzigt g'wesen is, um das wird sie jatz von Tag zu Tag dümmer!«

Der Vetter hat den Noah ausbrummeln lassen, nimmt'n bei'n Arm und moant: »Jatz komm' grad' mit mir in Keller.«

»In Stall willst sagen?« hat'n der Noah ausdeutscht.

»Meinetwegen is 's a Stall – wo i halt dö Küah' mit der roten Milch hab'!«

Im Keller unten is oa Weinpanzen am andern g'standen, kloane und große und no größere und ganz mordsgroße. Ziemlich finster is's g'wesen, daß der Noah nit recht sehen hat können.

»Aha!« hat er g'sagt, »da sein wir also! Jatz melk'

amal a Stuck. Nachher will i dir in Gottesnamen von derer g'spassigen Milch kosten. Umbringen wird's mi grad' auch nit!«

Der Wirt dreht 'n Hahn an der Pippen um und laßt's außer laufen. Der Noah kostet und kostet no amal, und z'letzt sauft er an ganzen Kübel auf oan' Zug aus.

»Sakra! Sakra!« hat er g'sagt. »Dös is jatz ganz was G'spassig's! Aber guat is's! Ganz malifizisch guat!«

So sein dö boaden von oan' Faß zum andern torkelt. Am meisten hat si der Noah g'wundert, daß man die Kalberln, wofür er die ganz kloan' Fässer ang'schaut hat, auch schon melken hat können.

Und nit eher hat er nachgeben der Noah, bis er den ganzen Keller hat ausprobiart g'habt. Bei an jeden neuen Faß is ihm der Wein so viel besser vorkommen, als beim frühern.

Dös laßt si leicht vorstellen, was er z'letzt für an Rausch z'sammbracht hat. Z' singen hat er ang'fangen und z' jodeln. Über die Kellerstiag'n hat er vierspannig aufi müassen. Zwoa haben ihn an boade Seiten g'halten, von vorn hat oaner zogen, und der Wirt hat hinten nachg'schoben.

Wia er an demselben Tag ins Bett kommen is, hat der Noah nimmer g'wußt. Die ganze Nacht hat ihm von der Archen tramt, daß's alleweil hin und her und auf und nieder geh' und dö Fahrerei und Hutscherei gar koa End' nimmer nehm'!

Wia er gegen Mittag am nächsten Tag aufg'wacht is, da is sei' Weib schon vor'm Bett g'standen und hat ihm ordentlich den Standpunkt klar g'macht.

»Dös wär' mir die neueste Modi!« hat die alt' Nohin belfert. »Mittelt in der Nacht stockb'soffner hoam kommen und an Spitakel machen, daß 's ganze Haus aufwacht und 's Viech im Stall scheu wird! Die ganze Nachbarschaft hat si aufg'halten. 's Quartier wird uns no kündigt! D' Leut' haben ja glaubt, im Narrenhaus is 's Türschloß brochen und die Narren sein alle mitanander auskommen! Und dös sag' i dir: Wenn du mir no amal so Verserln von saubere Diandeln und Busserlgeben und anders solches verliabtes Zeug singst, nachher kratz' i dir die Augen aus! Schamst di gar nit, so a alter Gackler! Wia g'sagt – wenn mir so was no a oanzigsmal vorkommt, nachher sag' i 's dem Gottvater! Ja, schau mi nur an! Dem Gottvater sag' i's, daß er dir amal gehörig die Leviten lest, wenn mei' Reden alloan schon nix mehr nutzen sollt'!«

Der Noah hat si im Bett drein nit g'muckst, hat si denkt: Der G'scheutere gibt nach! Draht si gegen die Mauer und schlaft bis zum Abend sein' Rausch gemüatlich ganz aus.

Mit an Rausch hoamkommen is er seit derer Zeit nimmer. Er hat si's viel praktischer eing'richt. Wenn er mal bisserl z'viel erwischt hat g'habt, nachher is er mit sei'm Spitz oafach ausblieben und hat beim Vetter übernachtet. Am nächsten Tag hat nachher 's Weib schimpfen können, wia sie wollen hat. Der Noah hat an Buckel aufg'stellt und a dicke Haut ang'setzt und hat den alten Scherben reden lassen, bis ihr's Maul weh tan hat und sie von selber aufhören hat müass'n.

Dem Gottvater hat si's die Nohin aber do nit z'sagen traut, weil sie, neugierig und g'naschig, wia d'Weiber schon amal sein, bald drauf auch hinter'n Wein kommen is und si alle Bittfüruns z' Neuner und auf d' Marend a Glaserl vergunnt hat.

Mit'm Trinken, dös muaß i sagen, bin i grad' nit einverstanden. Wenn's oaner hat, und es schad't ihm nix, wegen meiner! Gar so a große Sünd' wird's nit sein, solang' oaner nit alleweil sein' Rausch haben muaß. Zu was hätt' der Herrgott denn an Wein wachsen lassen! Heutzutag' freilich mag man sagen: vielmals mehr für die Weinpantscher, als für die Leut'!

»Sei's, wia's will! Saufen aus lauter G'wohnheit und Übermuat kann niamals recht sein. Aber manchmal a so a Halbe guaten echten Rötel, wenn oan' nit recht is einwendig, dös is mehr wert als a Medizin.

Freilich kann oan' dabei auch leicht der Hund 's Maß vertragen, und können aus der oan' Halben mehrer und z'letzt a gehöriger Zapfen werden. Und in so an Zustand können oan' allerhand Zwidrigkeiten passiar'n.

Mir wenigstens wär' amal bald das Gräßlichste passiart, was's überhaupt geben kann. I war dazumal no viel jünger und bin bei an großen Schiaß'n Schützenkönig word'n. Selbstverständlich is dös ohne a bisserl naß fuattern nit abergangen.

Versprich i nit, wia i schon nimmer recht g'wußt hab', ob i a Manderl oder a Weiberl bin, der Moidl vom Bärenwirt 's Heiraten! Und dös Diandl hat mi nachher richtig beim Wort g'nommen. Bua, da is mir anders z'Muat worden!

All's hat's braucht, bis i von mei'm dalketen Versprechen loskommen bin. A Toal Leut' haben mir schon vorg'sagt, daß i gar bis zum Papst auf Rom muaß; denn für so a Versprechen brauchet's a b'sondere Absolution!

Bei alle vierzehn Nothelfer! Eher als daß i g'heirat't hätt', wär' i bis zum Papsten gangen. Außi werfen hätten 's mi schliaßlich dort auch nit können, weil i mir weiteres nix zu Schulden hab' kommen lassen. Aber grad' liab wär's mir nit g'wesen, wenn i 'n Papsten hätt' einbekennen müass'n, daß i damals so an Eselsrausch g'habt hab'.

So is 's no gut g'nua abgangen. I bin mit an neuen Spenser, an seidenen Fürtuach und an seidenen Halstuach, dös die Moidl als Reugeld von mir verlangt hat, no mit heiler Haut davon kommen. Mein Gott, i hätt' ihr in meiner Verzweiflung a ganzes seidenes G'wand auch no kauft als wia a Stadtdam' – wenn sie's grad' nit anders tan hätt'.

I bin mit der Moidl übrigens später ganz guat auskommen und hab' ihr, wia's bald drauf an andern g'heirat' hat, ihren ersten Buab'n aus der Tauf' g'hob'n. Der hoaßt auch Jörg wia i und hat jatz schon längst sei' eigene Bau'rschaft.

Aber i hab' mit'm Heirat'n nia was z'tuan haben wollen. Es hätt' auch viel z' viel Müah' g'macht, wenn i amal g'heirat't hätt'!

Wundert's enk vielleicht, warum? Dös will i enk schon sagen!

Man hätt' wegen meiner an neuen Kalender außergeben müass'n – weil a Marthyrer mehr g'wesen wär'!

Nämlich i!

Fünftes Hauptstück

Vom Turmbau zu Babel, dem Vater Abraham und der Schwefelbande zu Sodoma und Gomorrha

Es hat nit lang dauert, so war auf der Welt wieder dieselbe Wirtschaft los, wia vor der Sündfluat. Die Leut' haben halt soviel a kurzes Gedächtnis.

An den richtigen Herrgott hat wiederum völlig koa Mensch mehr glaubt. Dafür hat si dös dumme Volk selber a Masse Götzen g'macht. Die Holzschnitzer, Stoanhauer und Tuifelemaler haben dabei das beste G'schäft g'macht.

So dumm sein schließlich die Menschen worden,

daß sie z'letzt sogar no die Viecher als Götter anbetet hab'n. Schön muaß si's ausg'nommen haben, wenn so oa Ochs vor'm andern niederkniat is. Denn beim klaren menschlichen Verstand kann do oaner nimmer sein, wenn er a Viech für an Gott halt't. Da müaßt's ja nachher in an solchen Himmel droben ausschauen wia in an Stall.

Sein wir froh, daß wir aus dö Zeiten draußen sein. Sonst könnt's mir zum Beispiel amal passiar'n, daß i statt in d' Kirchen in mein' Goaßstall beten geh'n müaßt'! Wia die Leut' amal so dumm haben sein können, dös hab' i nia begriffen und werd's auch nia begreifen.

Daß si bei solche Zuaständ' koa Mensch mehr mit 'm andern vertragen hat, dös hat wohl nit anders sein können. Denn wenn auf der ganzen Welt oaner no den größern Leibschaden im Hirn hat, als der andere, nachher kann unmöglich mehr was G'scheutes außer wachsen.

Bevor alles in Fransen 'gangen is und die Leut' allesamt zerstritten nach alle vier Weltgegenden auseinander sein, haben si no früher die ärgsten und vernageltsten Quadratschädel z'sammen tan und haben g'moant: A Denkmal müass'n wir do z'rucklassen, damit die Nachwelt amal sieht, was wir für Kerl' g'wesen sein!

Oaner hat den Vorschlag g'macht, um die ganze Welt a Maur aufz'führen – der andere, a poar Berg' abz'tragen und anderswo aufz'stellen – a dritter, alles auf der Welt viereckig z'machen, was rund sei, und umgekehrt.

Z'letzt sein's drüber einig worden, mitsammen an riesenhohen Turm z'bauen, der mit seiner Spitzen bis in Himmel eini reichet!

Sein auch bald drauf alle Zimmerleut', Maurer, Palierer, Baumeister, Mörtelbuab'n, Ziagelbrenner und Stoanklopfer, dö man auf der ganzen Welt hat auftreiben können, z'sammen trommelt worden. A G'hetz und a G'jag war's Tag und Nacht, weil nix denen Großschädeln, dö die ganze G'schicht' in d'Hand g'nommen haben, schnell g'nuag vorwärts gangen is.

Endlich hat a Baumeister den ganzen Turmbau übernommen und hat si verpflichtet, die Spitzen no a bisserl höher in Himmel eini z'bauen, als man z'erst g'moant hat.

Der Gottvater hat denen kloanverdrahten Narren die längste Zeit geduldig zuag'schaut, hat si sein' Toal dabei denkt und hat g'lacht.

»Bevor ös mir da in Himmel an Turm einer baut's, hab' i do auch no a Wörterl drein z'reden!« hat er g'moant, hat si aber weiter nix anmerken lassen, sondern dö verruckten Leut' ganz ruhig weiter hammern, zimmern und mörteln lassen.

Auf oamal in der Fruah, wia der Baumeister aufsteht und den Palierern anschaffen will, was sie den ganzen Tag z' tuan hab'n, versteht er selber gar nimmer, was er red't. Die Palierer hab'n ihn natürlich auch nit verstanden. So sein's die längste Zeit dag'standen und haben aufeinander losg'schrier'n wia die Jochgeier.

Jeder hat glaubt, der andere halt' ihn für an Veitel. Z'letzt sein 's untereinander raufet worden. Der Baumeister hat schreckliche Prügel kriagt, weil 's den schon gar nimmer verstanden haben; denn der hat, ohne daß er 's selber g'wußt hat, wia oder warum, auf oamal chinesisch z' reden ang'fangt.

Beim ganzen Turmbau is bald drauf der gleiche Krawall losgangen. Jeder hat auf oamal a andre Sprach' g'red't – und koaner is aus dem deutsch worden, was sein Nachbar von ihm wollen hat. Die Mörtelbuab'n hab'n a Kauderwalsch z'sammenpappelt, daß 's ganz zum Davonlaufen war. Die Zimmerleut' haben a Sprach' g'redt, dö ihnen selber ganz spanisch vorkommen is. Die Stoanklopfer haben anander böhmische Ohrfeigen austeilt. Die Ziagelbrenner sein mit oan' Schlag Stockschlowaken g'wesen, und die Maurer waren nit weit von der russischen Grenz' dahoam.

Aus dö großen Köpf', dö den ganzen Turmbau ang'schafft haben, is über Nacht alles mögliche worden, nur nix G'scheut's. Der erste is als a walscher Salamikramer aufg'wacht, der zwoat' als a polnischer Jud', der dritt' als a krawatischer Bärentreiber, a vierter als französischer Bajazzerl, und wieder oaner als türkischer Kamelreiter.

Der unter der Turmbau-Sippschaft der allerg'scheuteste hat sein wollen, is gar als a Grödner aufg'wacht. Wia der mit seiner Sprach' ang'fangt hat, haben si die andern die Ohren zuag'halten und sein auf und davon g'laufen.

Auf dö Weis' is natürlich der ganze babylonische Turm tschari gangen. Wenn man anander nimmer versteht, kann man auch nix mehr anschaffen. Die Leut' haben den Turm steh'n lassen müass'n, wia er war, und haben schauen können, wia sie si mit ihrer verzwickten Sprach' durch die Welt g'schlagen haben.

Und der Gottvater im Himmel oben hat g'lacht. »Seht's es, da habt's es mit enkern Turm!« hat er g'sagt. »Jatz kann si a jeder von enk a Sprachlehr' und a Wörterbuach kaufen, wenn er vom andern nur a Stückerl Brot verlangen will! Grad' z'sammschlagen könnt's no wia früher. Da braucht oaner nix z'reden dabei! Dö Sprach' versteht oaner so auch! Und wenn er 's nit versteht, spürt er 's! Und jatz könnt's mi gern haben alle miteinander!« –

Zum Glück hat damals wenigstens auch no a oanziger ordentlicher Mensch g'lebt. Dös war der Abraham. Sonst hätt' der Gottvater ja rein allen Umgang mit die Leut' aufgeben müass'n, dö ihm eh' von allem Anfang an nix als Verdruß g'macht haben.

Den Abraham hat er öfter hoamg'suacht und hat 'n zu an Patriarchen g'macht.

Wia 's aber schon an weißen Raben unter lauter

schwarzen geht, is dem Abraham auch das Leben von Tag zu Tag saurer worden, bis ihm der Gottvater endlich g'raten hat, er soll frisch sei' Bündel schnüren und auswandern. Er wollt' ihm schon a Land zeigen, wo er ganz guat fortkommen könnt'. Auf dö Weis' is der Abraham mit seiner Familli und mit sei'm Vetter Lot nach Kanaan kommen, wo 's ihnen bis auf a paar Streitereien, dö nit viel z' bedeuten g'habt haben, ganz guat paßt hat – bis endlich die Fretterei von neuem wieder losgangen is. Die Leut' können amal koa Ruah' nit geben – und wenn's der Herrgott auch no so guat mit ihnen moant.

Dö zwoa Städt' Sodoma und Gomorrha, wo der Lot dahoam g'wesen is, haben 's von Tag zu Tag ärger trieben. Wia 's dort zuagangen is, kannst dir leicht denken. Es wird ja heut' no davon g'red't. Also muaß es arg g'nuag g'wesen sein.

Da hat der Gottvater halt wieder eines schönen Tages zum Abraham sagen müass'n: »Mein liaber Patriarch Abraham, so geht's nimmer weiter! I muaß schon wieder amal ordentlich dreinfahren. Sonst glauben die Leut', i schlaf' oder es sei mir alle Spitzbüaberei recht, dö sie da herunten anstellen.«

Der Abraham is ganz g'waltig erschrocken; denn so arg hat er si die Sach' no gar nit denkt g'habt.

»Ja«, hat er g'moant, »dös is do a bisserl a g'wagte G'schicht', glei mit Donner und Blitz und Feuer und Schwefel dreinfahren! Es können do no etliche ordentliche Leut' drunter sein, dö so was nit verdianen!«

»Dös möcht' i wissen, wia viel unter der Schwefelbande no ordentliche Leut' sein!« hat der Gottvater g'sagt.

»Wenn halt do no so a Stuck a fünfzig drunter wär'n!« hat der Abraham g'moant.

»Nachher will i 's no bleiben lassen!« verspricht ihm der Gottvater.

Dem Abraham sein aber glei' drauf die Grausbirn' aufg'stieg'n, daß er a bisserl z' hoch griffen hätt', und er is g'schwind um zehne aberg'fahren.

»Täten 's vierzig nit auch?« hat er g'fragt.

»Meinetwegen! Wenn d' vierzi æauftreibst, will i auch no nix sagen!« moant der Gottvater.

Alleweil ängstlicher is dem Abraham worden, und er hat mit 'm Gottvater z' handeln ang'fangt, bis sie auf zehne herunter waren.

»Woaßt du«, sagt der Gottvater, »handeln lass' i eigentlich nit mit mir. Dös bin i nit g'wöhnt, und dös hab' i mir seiner Zeit schon beim Adam verbeten. Aber weil du 's bist, will i dir den G'fallen tuan. Wenn i in dö boaden Städt' mitanander auch nur soviel brave Leut' find', als i an die zehn Finger aberzählen kann, nachher g'schieht nix! Is aber nur a oanziger weniger, so geht's los!«

Glei' drauf is der Gottvater nach Sodoma und Gomorrha gangen und hat zu zählen ang'fangt. Beim besten Willen und bei der größten Nachsicht hat er aber dö zehne nit z'sammenbracht; denn es war koa oanziger anständiger Mensch mehr da, als der Lot mit sei'm Weib und seine boaden Töchter. Und dö haben mitander alleweil nur vier ausg'macht.

Der Gottvater hat nachher zum Lot zwoa Engel g'schickt, damit sie ihm die Botschaft ausrichten, daß 's in Sodoma nimmer ganz sicher z' bleiben sei.

»Schau', daß d' schleunig z'sammenpackst und weiter kommst!« haben die Engel zum Lot g'sagt. »Es geht heut' no los! Der Gottvater laßt Feuer und Schwefel vom Himmel regnen, damit amal a Fried' wird mit dem ewigen Sündigen! Wenn d' also nit bei Haut und Haar lebendig verbrennen willst, nachher nimm die Füass' über d' Achsel und schau', daß d' außi kommst! Je eher, desto besser. Wir warten derweil vor der Tür und begleiten di nachher.«

Da hat der Lot freili in aller Eil' z'packen ang'fangt und is schon a Viertelstund' später mit seiner Familli auf der Straßen g'wesen.

»So! Und jatz nur schleunig vorwärts!« haben die Engel g'sagt. »Und daß si koans untersteht, auf'm Weg umz'schauen!«

In oan' Saus sein sie bei der Stadt außen g'wesen. Glei' drauf hat's schon ang'fangen, Feuer und Schwefel regnen, daß's a wahrer Graus war. Da hat in Sodoma und Gomorrha freilich die ganze Feuerwehr nix mehr g'nutzt. Bald's an oan' End' löschen haben wollen, hat's am andern End' erst recht sakrisch z'brennen ang'fangt. Hat auch all's verbrennen und erstikken müassn, was in dö boaden Städt' g'lebt hat. Von der ganzen Herrlichkeit is nix mehr übrig blieben, als zwoa Aschenhaufen, dö der Wind bald g'nuag vertragen hat. Und aus war's mit'm Schmaus!

Wia die Engel mit'm Lot, seine zwoa Töchter und sei'm Weib schon a tüchtig's Stuck von der Stadt weg war'n, hat die Lotin halt do so lang die Neugier bissen, daß sie's z'letzt nimmer lassen hat können. Umschau'n hat sie müass'n! Es hat sie halt soviel g'wundert, wia si Sodoma und Gomorrha in dem Schwefelregen ausnehmen.

Sie hat's aber bald drauf g'spürt, was dös hoaßt: nit folgen, wenn oan' Engel etwas anschafft. Eh' sie's entraut hat, is sie an Salzsäulen worden und hat auf demselbigen Fleck steh'n bleiben müass'n in alle Ewigkeit.

Wia i amal in an alten Buach g'lesen hab', soll dö eing'salzene Lotin no heutig'n Tag's dort steh'n. Wenn das wirklich wahr is und i mehr Geld hätt', als i wirklich hab', nachher machet i was.

I lasset über dö Salzsäulen a Dach bauen, damit ja nix wegkommt. Alle neugierigen Weiber müaßten mir dorthin wallfahrten geh'n. A jede dürfet oamal mit dem Zungenspitzel an der Säulen schlecken, grad' wia die Goaß, dö ja ganz narrisch sein aufs Salz.

I geh' a jede Wett' ein: koa Jahr tät's dauern, so wär' die ganze Säulen sauber aufg'schleckt, und die Lotin wär' erlöst. Regen dürft' freilich koaner mehr dazua kommen. Daher 's Dach. Nur die neugierigen Weiber alloan müaßten mit der Lotin aufraumen.

Den Einfall will i glei' dem Pfarrer erzählen, wenn i 'n 's nächste Mal triff'. Vielleicht laßt si a Sammlung machen und dös Ding ausfüahr'n. A List'n von dö Weiber, dö wir von unserem Dorf auf d' Wallfahrt schicken, is bald g'macht.

Daß i's nit vergiß! Auf der Stell', wo vor alten Zeiten dö zwoa Städt' g'standen sein, is jatz das tote Meer. Dös hat so a spottschlecht's Wasser, daß's nit amal die Fisch' drein aushalten. A jeder wird am gleichen Tag, als er auf d' Welt kommt, auch schon hin. –

Daß i wieder zum Abraham komm'! Der hat no in späten Jahren, wia's schon niamand mehr für möglich g'halten hat, von sei'm Weib an Buab'n kriagt, den er Isaak g'hoaßen hat.

Weil er den Buab'n gar soviel gern g'habt hat – wia's bei an Nestgackerl schon amal nit anders is – hat'n der Gottvater auf die Prob' stellen wollen und hat von ihm verlangt, daß er ihm den Buab'n opfern soll. Der Abraham hat si auch nit lang schaffen lassen und is glei' an's Werk gangen, so hart's ihm auch ankommen is.

Er hat schon 's Messer außer zogen g'habt und sein' eignen Buab'n abstechen wollen wia a Kalbl. Da is no glücklicherweis' rechtzeitig a Engel daher kommen.

»Abraham, steck' dei' Messer nur wieder ein!« hat der Engel g'sagt. »Der Gottvater hat dein' guat'n Willen g'sehen! Wär' do wirkli schad' um den tollen Buab'n!«

Den Gottvater hat's aber ganz g'waltig g'freut, weil der Abraham so treu an ihm g'hangen is – und er hat ihm versprochen, daß er für alle Zukunft auf sei' Familli schauen werd'.

Daß der Isaak wieder zwoa Buab'n g'habt hat, den haarigen Esau und den Jakob, dös wißt's eh! Grad' hab' i nia begreifen können, wia der Esau hat um a dalketes Linsenmuas sei' Erstgeburt verkaufen können. Was a Mensch an so an G'fraß finden kann, dös woaß i nit. I amal gebet koan' Neukreuzer drum! Wenn's wenigstens a Schüssel voll Speckknödel g'wesen wär'! Da liaß' i mir's no eher g'fallen. Aber a Linsenmuas! Pfui Teufel!

Sechstes Hauptstück

Vom ägyptischen Josef

Der ägyptische Josef is mir der allerliebste im ganzen alten Testament – den Gottvater natürlich ausg'nommen – weil er soviel a guater Kerl war.

Beim Abraham und Isaak hat's mit der Nachkommenschaft a bissel g'hapert. Dafür hat's beim Jakob um so mehr ausgeben. Der hat a volles Dutzend Buab'n z'sammenkriagt.

Der Bravste drunter is der Josef g'wesen. Drum hat ihn auch sein Vater am meisten gern g'habt. Er hat ihm a ganz b'sonders schöne Joppen kauft, lauter alte

Silberzwanziger als Knöpf' dran, und dö no prächtig vergoldet. Daß dös die Brüader vom Josef damisch giftet hat, kannst dir denken.

Amal, da sein die Brüader vom Josef auf 'm Feld außen bei die Schaf' g'wesen, und der Vater schickt den Josef, daß er ihnen 's Essen außi tragt. Wia sie ihn von weitem g'sehen haben, hat glei' einer zum andern g'sagt: »Heut' woll'n wir's ihm machen! Am g'scheutesten is 's, wir schlagen ihn frischweg ab und werfen ihn in a alte Gruab'n. Nachher haben wir wenigstens amal a Ruah'. Sonst geht's dahoam wieder den ganzen Tag fort: Schau', der Josef hat dös a so und a so g'macht! Nimm dir a Beispiel dran! Und der Josef wär' halt a andrer! Wenn du nur halb so brav wärst als der Josef! – Es rinnt oan' ja schon bei die Ohren außer und wachst oan' beim Hals außer vor lauter Josef und Josef! Sein wir do neugierig, wer nachher Hahn im Korb wird, wenn amal der Josef nimmer z' finden is!«

Derweil is der Josef mit 'm Eßkorb daher kommen g'wesen. Seine eignen Brüader haben ihn glei' anpackt und hätten ihm richtig den Garaus g'macht, wenn si nit z'letzt der älteste Bruader in's Mittel g'legt hätt'. Der hat den andern so lang zuag'redt, bis sie den armen Hascher bloß in an alten Ziggelbrunnen g'worfen haben.

»Da werd' i 'n nacher schon wieder außer holen, wenn die andern dahin sein!« hat si der älteste Bruader vorg'nommen.

Die G'schicht is aber ganz anders kommen, als wia er si 's hat ausg'rechnet g'habt.

Wia 's gegen Abend gangen is, sein a paar ägyptische Hausierer daher kommen und haben g'fragt, ob 's nix z' schachern gäb'.

»Dö kaufen eh' allen Schmarrn z'sammen, den 's finden!« hat da oaner von dö Brüader g'moant. »Wia wär's, wenn wir ihnen den Josef vertandeln täten? Nachher wär'n wir den Racker auf die beste Manier von der Welt los. Soviel kriag'n wir alleweil dafür, daß 's uns allen für a Wochen a Tabakgeld und a Kartengeld tragt. Is der Lausbua, der elendige, wenigstens no zu etwas Nutz g'wesen! Wenn wir 'n umbringen, kommt man uns am End' doch drauf, und werden wir z'letzt eing'sperrt vielleicht auch no!«

Der Vorschlag hat allen g'fallen, bis auf 'n ältesten Bruader, der nit dabei war und den 's auch nit lang g'fragt hätten. So haben's den Josef aus 'm Brunnen wieder aufer g'holt und sein mit dö Hausiarer bald handelsoans worden. Zwanz'g Silbergroschen, von dö a paar schon stark abg'wetzt waren, haben d' Hausiarer für 'n Buab'n zahlt. Sein' schön' Rock haben ihm die Brüader natürlich früher schon auszog'n g'habt. Mit dem wär' er freilich mehr wert g'wesen.

Da hat der Josef betteln und woanen können, wia er wollen hat, mit hat er müass'n! 's is aber zu sei'm Besten ausg'schlagen, wia 's iatz nachher bald sehen werdet's.

Wia der ältest' Bruader z'ruck kommen is und den Josef nimmer g'funden hat, da hat er oan' loaden Lärm g'schlagen.

»Ah was!« hat der Ärgste unter der Bande g'sagt. »Dös is der Müah' wert, deswegen so a Spitakel z' machen. Was g'schehen is, is g'schehen. Und was ausg'handelt is, bleibt ausg'handelt. Auf dö Weis' kriagt der Bua a Stuck Welt z' sehen, und wir haben unsern Fried' davor. So wär 's ja do nimmer weiter 'gangen. Es hätt' oan' ja alle Tag zehnmal die Gall' überlaufen mögen, weil d' den ganzen Tag koa anders Wort mehr g'hört hast, als von dem dalketen Josef seiner G'scheutheit!«

»Aber wenn wir ohne den Buab'n hoam kommen, jagt uns ja der Vater oan' wia den andern beim Tempel außi!« hat der ältest' Bruader g'sagt.

»Lass' di hoam geigen, du Lapp du!« moant der andre drauf. »Als wenn wir dem alten Brummbären nit a blau's Racherl vormachen könnten. Dös dürfen wir ihm ja nit sagen, daß wir den Buab'n so guat verschachert haben. Sonst müass'n wir das Geld, dös wir dafür eing'nommen haben, z'letzt no hergeben! Und dös wär' do ewig und no a Jahrhundert schad' drum! Laßt's nur mi machen! I bin do no alleweil der G'scheuteste unter enk allen g'wesen. Wir stechen oanfach an alten Goaßbock ab. In dös Bockbluat tauch'n wir den Rock vom Josef samt die Silberzwanziger, bis er über und über voll Bluat is. Nachher sagen wir, a wild's Viech hab' den Buab'n g'fressen! Sein ja g'nuag solche Bestien um die Weg'! Und Hunger haben's auch Tag und Nacht. Warum soll denn so an Löwenmandl oder an gelben Tigerkatzl nit amal der Josef zur Abwechslung g'schmeckt haben! Es is nur schad', daß wir dö Zwanziger nit vom Rock aberschneiden können. Denn dös glaubt uns der Vater seiner Lebtag nit, daß a wild's Viech auch im ärgsten Hunger vergoldete Silberzwanziger frißt! Also g'scheut g'nuag anstellen müass'n wir die Sach'! Nachher kommt uns unmöglich a Mensch drauf!«

Mit dem bluatig'n Rock vom Josef sein s' glei' drauf zum alten Jakob gangen, der völlig narrisch worden is vor lauter Herzload, weil die wilden Viecher sein' liebsten Buab'n g'fressen und nit amal a oanzig's Boandl davon übrig lassen haben.

A ordentliche Polizei und Schandarmerie hat 's dazumal no nit geben. Sonst würd' man denen Brüadern viel leichter auf ihre Schlich' kommen sein. So hat's halt der alte Vater glauben müass'n, ob er wollen hat oder nit! Heut' soll's amal wer probiar'n, Leut' verschwinden z' lassen und si nachher auf a wild's Viech außi z'reden! Dem würd' man anders hoamleuchten! Wenn mir auch heutzutag' bei weitem lang nit alles g'fallt, muaß i dösselbe schon aufrichtig sagen: A Ordnung hab'n wir weitaus a bessere, als wia 's im alten Testament mitunter der Fall war.

Dem Josef is 's von allem Anfang an in Ägypten gar

nit schlecht gangen. Die Hausiarer haben ihn an an g'wissen Putiphar verkauft und dabei a riesig's G'schäft g'macht. Freilich hat der Putiphar auch die königliche Leibwach' kumadiart und schon an ordentlichen Brocken für den Buab'n zahlen können. Daß dö abscheuliche Leutverkauferei damals no auf der ganzen Welt Modi war, brauch' i enk wohl nit auszudeutschen. Sein ja außer im Volk Israel no lauter verstockte Heiden g'wesen.

Im Putiphar sei'm Haus hat si der Josef so anstellig zeigt, daß ihm der Putiphar z'letzt 's ganze Hauswesen zur Verwaltung übertragen hat. Er hat mit derer Leibwach' natürlich viel auswärts z' tuan g'habt und is schließlich in die Haut eini froh g'wesen, daß er so an verläßlichen Menschen wia den Josef g'funden hat.

So weit wär' alles guat gangen. Der Josef hat im ganzen Haus a Ordnung g'habt; alles war am Schnürl. Die Dianstboten haben an Mordsrespekt vor ihm g'habt. Jatz geht aber wieder der Weiberleuts-Verdruß an. Wia alleweil! Wenn man moant, es wär' etwas recht eing'hängt wia guate Tür' in d' Angel, richtig kommt so a nixnutzig's Weibsbild daher und bringt alles wieder ausananeder.

Und a nixnutzig's Weibsbild war dem Putiphar sein Weib. Aber schon oane von a ganz feinen Sorten. Verliabt si dö G'sellin in den Josef! Als wenn sie nit mit ihrem Mann alloan g'nuag g'habt hätt'!

Auf Schritt und Tritt is sie ihm nach und hat ihm

koan' Ruah' lassen. Z'letzt hat sie 'n gar beim Mantelzipfel erwischt, damit er ihr ja nit auskomm'.

Dem Josef is dös verliabte Getua eh' schon lang in die Seel' z'wider g'wesen. Er is daher dem zuadringlichen Weibsbild auf und davon und hat ihr den Mantel z'ruck g'lassen.

Dös war a bisserl dalket von ihm; denn er hätt's wissen können, daß er von kloan auf mit seine Röck' alleweil 's aufg'legt' Pech g'habt hat.

Dö Wuat von der Putipharin, wia sie statt'n Josef grad' mehr sein' Mantel g'habt hat, kannst dir vorstellen! Völlig zersprungen is sie vor lauter Zorn. Die Weibsbilder sein schon amal so. Z'erst fresseten sie di vor Liab' völlig auf. Und wenn d' da nit glei' herwärts schaust oder sie gar gehörig abschnalzst, nachher täten s' di am liabsten am Kraut als g'hackt's Wurstfleisch fressen!

Wia der Putiphar hoamkommen is, hat ihm dö falsche Kuntin glei' dem Josef sein' Mantel zoagt und hat's so außer bracht, als wenn der Josef, weiß Gott was, mit ihr im Sinn g'habt hätt'. Da is der Putiphar freilich in d' Höh' gangen wie a g'stupster Gockel, weil er dem dalketen Weib alles aufs Wort glaubt hat. Die Mannsbilder sein schon manchmal so vernagelt, daß sie moanen, a Weiberred' sei so sicher als wia 's Evangeli. Derweil soll man a jed's Wort von an Weibsbild z'erst durchsieben. Und da werden mehr Lugen z'ruck bleiben, als du dir selber denkt hast.

Der Putiphar laßt also den Josef Hals über Kopf arretiar'n und mitten unter 's ärgste Lumpeng'sindel einsperren. Da hat aber der G'fangenaufseher bald g'merkt, daß er an kreuzbraven Menschen an dem Josef hab', hat ihm den Schlüsselbund geben und g'sagt: »Geh', sei so guat und mach du a bisserl a Ordnung im Zuchthaus! Mir pariar'n dö Sakra schon nimmer recht, weil i a bisserl schwach auf die Füaß' bin und nit überall z'gleich sein kann! Nachher mach' i gar soviel gern a kloans Mittagsschlaferl. Und du weißt schon, 's Schlafen is für unseroan' mittelt am helliacht'n Tag nit erlaubt!«

»Gib die Schlüssel nur her!« hat der Josef g'sagt. »I will dir schon auf alles drauf schauen. Meinetwegen kannst iatz den ganzen Tag schlafen, wann 's di g'freut!«

In dem ägyptischen Zuchthaus sein etwa nit nur gewöhnliche Straßenrauber, Einbrecher und anders solches Kaliber g'wesen. Da haben die vornehmsten Herrenleut' eini müass'n, denen man nachher auch koane Extra-Würsteln braten hat.

Zu die guaten Bekannten vom Josef hat der Mundschenk und der Mundbäcker vom ägyptischen König g'hört. Der oane hat dem König alleweil hoamlich sein' Wein im Keller ausg'soffen und dafür Wasser oder Spiritus nachgossen, bis die G'schicht' endlich z' arg worden und ihm der König draufkommen is. Der Bäcker hat 's Brot z' kloan g'macht und hat si von dem g'stohlnen G'wicht schon a ganzes Haus baut g'habt, bis halt sei' Stünderl z'letzt auch g'schlagen hat.

Jatz sein halt dö boaden im Zuchthaus g'sessen. Heutzutag' geht's denen Weinpantschern und denen leichten Bäcken viel besser, weil die wenigsten davon eing'sperrt werden. Da hat die Ordnung im alten Testament wieder mehr Guat's g'habt.

Der Bäck und der Mundschenk oder Oberkellner vom ägyptischen König haben si im Zuchthaus natürlich den ganzen Tag g'langweilt, daß 's schon gar nimmer schön war. In der Nacht haben's wenigstens öfter a Unterhaltung g'habt, wenn ihnen was ordentlich's tramt is. Und hat dazua nix kost't. Denn für 's Tramen hat's schon damals koan' Eintritt geben.

Amal haben's boade, der Bäck und der königliche Oberkellner, in oaner Nacht a jeder no den g'spassigen Tram g'habt. Weil sie g'hört haben, daß der Josef im Tramauslegen gar nit so ung'schickt sei, haben 's ihm ihre Tram' verzählt und haben ihn g'fragt, was sie etwa bedeuten könnten.

»Ja, dös is nit so oanfach wia 's Knödelessen!« hat der Josef g'moant. »Da muaß i z'erst mein ägyptisches Trambüachl holen und gehörig drein nachschlagen.«

Wia er nachg'schlagen g'habt hat, da hat er 's denen zwoa ganz genau sagen können, was dö Tramerei zu bedeuten hätt'.

»Dir, Mundschenk«, hat der Josef g'sagt, »kann man gratuliar'n. In drei Tagen is dem König sein Geburtstag. Da wirst du ausg'lassen und kriagst dei' frühere Stell' wieder!«

»Wenn dös wahr is!« hat der Mundschenk vor lauter Freud' versprochen, »nachher will i den König solang betteln, bis er di auch aus 'm Loch laßt. Du kannst nachher leicht ägyptischer Tramdeuter werden. So a Stell' gibt's, glaub' i, beim Königshof no gar nit, weil dem König selber, soviel i weiß, sein Leben lang no nix tramt hat.«

»Da wird si mein Tram wohl auch guat ausgeh'n?« hat darauf der Bäck g'moant. »Vielleicht werd' i gar Ober- oder Generalbäck von Ägypten und die umliegenden Ortschaften, oder no viel was ärgers. I glaub' schon, daß i zu a höheren Stellung beruafen werd'!«

»Da kannst di sicher drauf verlassen!« hat 'n der Josef ausdeutscht. »Du kommst sogar zu a höhern Stellung, als du selber glaubst und als dir selber recht sein kann – weil du heut' über drei Tag' an König sei'm Geburtstag zur größern Feierlichkeit öffentlich auf-g'hängt wirst!«

»Weißt, für an Narren haben kannst an andern, nit mi!« hat der Bäck ganz kloangiftig g'scholten.

»Wenn du mir 's nit glaubst, wirst es nachher schon selber spüren, daß du bald für die Würmer an Kirchtag abgeben wirst!« sagt der Josef. »Wenn i dir guat zu an Rat bin, mach' dei' Testament und geh' früahzeitig in di! Denn du hast nimmer lang übrige Zeit zum G'wissenerforschen!«

Richtig is si 's so ausgangen, wia 's der Josef vorausg'sagt hat. Am dritten Tag is der Mundschenk wieder eing'setzt worden. Den Bäcker aber haben's aufg'hängt. Der hat's bis zum letzten Monament nit glauben wollen, weil er alleweil g'moant hat, es sei bloß a G'spaß und a abkartete G'schicht. Wia 's ihm d' Schlingen zuazogen haben, da hat er 's freilich glauben müass'n, weil ihm nix anders mehr übrig blieben is.

Der königliche Oberkellner, dem 's in sei'm Amt wieder katzerlwohl war und der do wieder ang'fangen hat, Wein z' pantschen – nur daß er si nimmer hat erwischen lassen – hat auf den Josef ganz vergessen. Aus 'n Augen, aus 'm Sinn! Is halt gar soviel a wahr's Sprichwort. Er wär' auf den Josef wahrscheinlich gar nimmer drauf z' denken kommen, wenn ihn nit der Zuafall völlig mit der Nasen drauf g'rennt hätt'.

Dem ägyptischen König hat auf oamal in der Nacht auch was tramt. Weil ihm dös seiner Lebtag no nia vorkommen is, is er ganz anders drüber erschrocken und is glei' auf den g'scheuten Gedanken kommen – da müass' schon was besonders los sein, wenn an König amal was im Tram vorkomm'. So a königlicher Tram müass' a große Wichtigkeit und Bedeutung haben.

Eigentlich war an dem ganzen königlichen Tram gar nit soviel dahinter, als wia 's draus g'macht haben. Als wenn nit an gewöhnlichen Menschen auch von sieben fette Küah', dö nachher von sieben magern bei Haut und Haar und Putzen und Stingel aufg'fressen werden, tramen könnt'!

Aber natürlich! Da hat's glei' a G'sprang geben wegen dem Tram, als wenn schon die Welt unterging'. Alle Wahrsager, dö im ganzen Reich z' finden waren, haben zum König müass'n. Sogar alle alten Weiber, dö a bisserl Karten aufschlagen können haben, sei'n von der königlichen Wach' z'sammtrommelt worden.

Aber je mehr der König g'fragt hat, desto weniger Auskunft hat er kriagt, und desto dummer is er mitsamt sei'm Tram word'n.

Da kriagt der Mundschenk do endlich a einfallend's Liacht und denkt an Josef. Wia er dem König davon verzählt, laßt si der den Josef g'schwind holen.

Der Josef hört den Traum und lacht: »Ja, wenn du dir nit amal so an dalketen Tram ausdeutschen kannst, wegen was bist denn nachher a König worden! Der Tram is do klar als wia Brunnwasser. Da brauch' i gar koa Trambuach nit. Was sollen denn die sieben fetten Küah' anders sein als sieben fette Jahr', wo 's Troad mannshoch wachst und no viel höher und wo die Ähren so dick sein wia Dreschflegel und die Erdäpfel no viel größer als die allergrößten Kegelkugeln! Und wenn die sieben fetten Küah' die sieben fruchtbaren Jahr' bedeuten, nachher wirst dir 's wohl an die Finger aberzählen können, was mit dö sieben magern Küah' g'sagt sein will. Da kommen halt nachher sieben Jahr', in denen rein nix wachst als lauter Unkraut in die Acker und Stoaner und Disteln auf die Wiesen. Aber für dös is leicht g'holfen. Wenn si a vernünftiger Mensch findt't, der si die Sach' a einz'toal'n woaß, daß was in dö sieben fetten Jahr' z'viel wachst, nit all's verpraßt oder gar auf 'n Misthaufen g'worfen, sondern fleißig aufb'halten wird, nachher laßt si über dö sieben magern Jahr' schon leichter wegkommen. Sonst müaßt's halt hungern, daß enk die Schwarten krachen!«

»Dös is amal a g'scheuter Mensch!« hat der König voller Freud' ausg'ruafen. »Und so an Menschen sperrt man ein! Himmel! Herrgott! Sakrament! Was is denn dös für a Wirtschaft in mei'm Land, wenn man die g'scheutesten Leut' bei Wasser und Brot hocken laßt! Nachher müaßt' man ja denen Dummen nur mehr Heu z'fressen geben oder gar nix! Wenigstens wären auf dö Weis' nimmer soviel! I sieh' schon, wo i nit selber dabei bin, da geht hinten und vorn nix nit z'sammen!«

Drauf hat der ägyptische König den Josef zu sei'm ersten Verwalter g'macht, der alloan hat anschaffen dürfen, was er wollen hat. Er hat ihm a goldene Ketten und an goldenen Ring g'schenkt. A goldene Kutschen hat er ihm auch bauen lassen, mit sechs Schimmel davor, daß der Josef ausfahren hat können wia a geborner Reichsgraf.

Der neue ägyptische Generalverwalter hat die sieben fetten Jahr' ordentlich ausg'nutzt und hat koa Körndl Troad verworfen, sondern alles, was man nit zum Leben braucht hat, fleißig in die Tennen sammeln lassen. So ist's kommen, daß g'nuag da war, wia die sieben magern Jahr' ang'ruckt sein, und daß man nit amal mit'm Preis hat aufschlagen müass'n. Wär' der Josef nit so a ehrlicher Kerl g'wesen, so hätt' er in dö sieben Hungerjahr' si a Heidengeld machen können. Er hätt' ja dabei stoanreich werden müass'n.

Die Hungersnot is in der ganzen Welt g'wesen. Und so ist's auch den Brüadern vom Josef mit'm Troad nimmer z'sammen gangen. Da haben sie eines Tags g'hört, daß sie in Ägypten no übrig's g'nua haben, und denken si: Jatz müass'n wir halt nach Ägypten roas'n! Kost't's, was's will!

Wia's zum Josef kommen sein, hat si der glei' auskennt, woher der Wind waht.

»Jatz wohl!« hat er bei si selber sinniert. »Hab' i enk amal! Jatz sollt's mir aber gehörig schwitzen!«

Die Brüader haben ihn nimmer kennt und waren ganz dertattert, wia er sie ang'fahren hat, daß sie wahrscheinlich Spion' sein. Es hat ihnen nix g'nutzt. Oaner davon hat zum Pfand dableiben müass'n, und außerdem haben sie versprechen müass'n, daß sie 's nächste Mal den kloansten Bruder von dahoam, den Benjamin auch mitbringen. Hart is's dem Josef g'nuag ankommen. Er hat si öfters hoamlich umdrah'n und woanen müass'n.

Z'letzt sein die Brüder ohne den oan', aber jeder mit an damischen Troadsack wieder abzogen. Wia's hoam kommen sein, hat a jeder in sei'm Sack 's Geld wieder g'funden, was für's Troad z'zahlen g'wesen wär'! Dös is ihnen ganz unhoamlich, völlig wie a Hexerei vorkommen.

Dös ägyptische Troad war bald fertig. Die Brüader haben si wieder auf d' Roas machen müass'n und haben dösmal den kloansten Buab'n, den Benjamin mitg'nommen, so ungern ihn der alt' Vater fortlassen hat.

Dösmal sein sie vom Josef ganz freundlich aufg'nommen worden. Er hat ihnen a nobels Essen herg'richt't. Der kloan' Buab hat doppelt und dreifach soviel kriagt, als die andern. Z'letzt sein's alle mitananderder mit an ganzen Fuahrwerk voll frische Troadsäck' wieder hoamwärts g'wandert.

Sie waren aber no gar nit weit außer der Stadt, da kommt ihnen dem Josef sein Hausknecht nachg'rennt und schimpft ganz gottsjämmerlich: »So a Diabsvolk is uns no nia vorkommen! Oaner von enk muaß mei'm Herrn sein' silbernen Becher eing'steckt haben! Es is grad' a Wunder, daß ös Tisch und Stüahl' nit auch noch habt's mitgehen lassen!«

Richtig find't man den silbernen Becher in Benjamin sei'm Sack, wo ihn der Josef hoamlich hat eini stecken lassen. Dös war a netter Jammer unter die Brüader: »Naa, wer hätt' so was denkt, daß der kloan'

Buab z' stehlen anfangt!« Der Benjamin hat freilich nix wissen wollen und hat si hoch und teuer verschworen, daß er den Becher mit koan' Finger nit ang'rüahrt hat'.

»Nachher wird der Becher halt von selber mitgangen sein! A Ausred' und a Nudelbrett gibt's in an jedem Haus! Aber wir fallen enk auf solche Spass' nit einer! Marsch! Kehrt um!« hat der Hausknecht g'sagt; und die ganze G'sellschaft hat wieder dahin müass'n, wo sie grad' her kommen is.

Die Brüader haben schon g'moant, daß si iatz zum mindesten alle der Reih' nach aufg'hängt werden. Derweil hat si ihnen der Josef, der si denkt hat, daß dö armen Teufel iatz do g'schunden g'nuag sein, zu erkennen geben.

G'schamt haben sie si zwar g'nua. Aber z'letzt waren 's halt doch froh, daß sie no mit heiler Haut davon kommen sein. Verdiant haben sie's freilich nit.

Mit 'm Benjamin hat der Josef die größte Freud' g'habt und hat ihm soviel Zeug g'schenkt, daß si der Bua vor lauter Gaudi gar nimmer auskennt hat. Nachher sein sie alle mitanander in der goldenen Kutschen vom Josef zum ägyptischen König g'fahren, der an jeden an Orden und a Stück Land g'schenkt hat.

Der alte Jakob hat z'letzt auch nach Ägypten kommen müass'n, damit die ganze Familli wieder bei'nander war. Der hat dreing'schaut, wia er erfragt hat, daß der Josef no leb' und so a großer Herr worden sei.

Alle sein's meeralt worden. Im alten Testament war's überhaupt nit der Brauch, daß die Leut' so früah sterben – wahrscheinlich, weil sie, wenn's nit grad' Haderlumpen waren, dö der Herrgott nachher g'schwind ersaufen oder verbrennen hat lassen, viel regelmäßiger g'lebt haben als heutzutag' – wo schon bald die Wiagenkinder mit der Tabakpfeifen im Maul auf d' Welt kommen!

Siebentes Hauptstück

Wia sie den Moses g'funden hab'n und 's Volk Israel auf die Wanderschaft gangen is. Vom gelobten Land

A paar hundert Jahr' sein vergangen g'wesen, seit der ägyptische Josef die Augen zuatan g'habt hat. Aus seiner Familli und aus dö Familli von seine Brüader is derweil a ganzes Volk worden. Dös hat man 's Volk Israel g'hoaß'n.

Weil aber dös Volk alleweil größer und alleweil größer worden is, is es z'letzt dem damaligen ägyptischen König ganz unhoamlich worden. Er hat si denkt: dö steigen uns am End' no aufs G'nack! Da muaß i schon rechtzeitig an Riegel vorschiab'n. Sonst wären ja, wenn dös so weiter geht, i und meine Ägypter 's Leben gar nimmer sicher. Dös Volk vermehrt si ja wia die Künigelhasen. So was hab' i meiner Lebtag no nia g'sehen. Wenn i selber soviel Fratzen z'sammenbrächt' wia dö Leut', nachher müaßt' i rein aufkrachen – und wenn i schon der König bin und g'wiß a schön's Einkommen hab'. Dem Volk Israel müass'n wir den Brotkorb a bisserl höher hängen!

Von dem Tag an, wo si der König dös denkt hat, sein die Israeliter zu die härtesten Arbeiten ang'stellt worden. Stoaner und Ziagel haben sie tragen müass'n, daß sie nimmer g'wußt haben, ob sie no an Buckel haben oder nit. Und Erdäpfel haben sie graben müass'n, daß ihnen vor Müadigkeit völlig die Haxen abbrochen sein.

Es hat aber alles nix g'nutzt. Alleweil sein mehr Leut' worden. Und je mehr sie der ägyptische König g'schunden hat, desto größere Kutten Kinder haben's g'habt.

Dös is do a g'spassig's Volk! hat si der König denkt. Da muaßt i schon andere Maßkrüageln ergreifen, wenn i nit verspielt sein will! Mach' i's oanfach amal wia mit dö jungen Katzen und lass' alles, was neu auf die Welt kommt, ins Wasser schmeißen!

Hat's auch ausg'füahrt, der König. Alle kloan' Buab'n, dö's beim Volk Israel frisch abgeben hat, sein ertränkt worden. Da hat koa Bitten und Betteln mehr g'holfen. Die Diandeln hat der König leben lassen und hat's so eigentlich umg'kehrt g'macht, als wia bei die Katzen, wo man gewöhnlich die Kater am Leben laßt, damit die Rass' nit ausstirbt.

Alle hat man freilich nit erwischt. Und auf dö Weis' is der Moses am Leben blieben. Sei' Muatter hat'n a Zeit lang versteckt g'halten. Und wia dös nimmer gangen is, hat sie'n in a kloans Körbel packt und dös am Ufer vom Fluß hing'stellt.

Der ägyptische König – Pharao haben's ihn damals g'hoaß'n – hat a Tochter g'habt. Dös is natürlich a Königstochter g'wes'n und hat gern bad't, weil in Ägypten die Sonn' viel wärmer scheint und man viel mehr schwitzen muaß, als bei uns dahoam in die Berg'.

Wia sie wieder amal baden geht, find't sie richtig dös Körbel und den Moses drein. Der war kreuzfidel und hat mit die Füass' g'strampelt, wia's halt die kloan' Kinder in der G'wohnheit haben.

»Dös is ja gar der Moses!« hat die Königstochter vor lauter Freud' ausg'rufen. »Und wia g'scheut er schon dreinschaut! Dem darf mir beileib nix g'schehen! I will ihn schon aufziah'n lassen!«

Dem Moses sei' Muatter hat ihren Buab'n nachher wieder z'ruckkriagt. Und die Königstochter hat ihr sogar no a schön's Monatsgeld zahlt dafür, daß sie ihren eignen Buab'n aufzogen hat.

Wia der Moses älter word'n is, is er in die ägyptische

Schual' kommen und hat lesen, schreiben und rechnen g'lernt, was dazumal unter hundert' kaum oaner kennt hat, weil man no nit dö strengen Schualg'setz' g'habt hat wia heutzutag', wo man schon bald von an neugebornen Kind die Regeltedri und den großen Katechisimus verlangt. Z' lachen haben aber die Schualkinder damals nix g'habt, weil d' alten Ägypter so a miserable Schrift g'habt haben, daß si nit amal der Teufel recht damit auskennt hat. Deswegen hat er heutig'n Tags no Spundus vor dö ägyptischen Zauberbüacher.

Weil der Moses in der Schual' alleweil den ersten Preis davon tragen und si die Königstochter für ihn no ganz b'sonders ins G'schirr g'legt hat, is er bald, nachdem er ausg'schualt war, beim König ang'stellt worden, hat das feinste Leben und an schön G'halt g'habt.

Wia er aber g'sehen hat, was für a Leben seinen Landsleuten b'schert war, is er auf den König nimmer guat z' reden g'wesen. Dös hat der König natürlich bald g'merkt und hätt' den Moses g'wiß stadli verschwinden lassen, wenn der nit den Braten g'rochen hätt', si denkt hätt': der G'scheutere gibt nach – und auf und davon wär', so daß sie ihn zum Abkrageln nimmer erwischt hab'n.

Mit'm Lesen und Schreiben alloan hat er freilich in der Welt draußen nit viel anfangen können. So is ihm z'letzt nix anders übrig blieben, als an Posten als Schafhirt anz'nehmen. Dös war freilich von an königlichen Beamten weit g'nuag aberg'stiegen. Aber was tuat oaner schließlich nit, wenn er erstens leben und zwoatens nit verhungern will!

Vierz'g Jahr' lang is der Moses Schafhirt g'wesen. In der langen Zeit hat er jedenfalls G'legenheit g'nuag g'habt, si alles genau zu überlegen, was er später ausg'füahrt hat.

Da is ihm an schön' Tag etwas passiart, was er si nit im Traum hätt' einfallen lassen.

Wia er so in aller Seelenruah' seine Schaf' g'hüat't hat und wohl nit viel mehr denkt haben wird als, ob's z' Mittag Knödel oder an Schwarzplenten gibt, sieht er auf oamal an brennenden Dornbusch und mittelt in dem Busch den Gottvater.

Kennt hat ihn der Moses freilich nit, aber denkt hat er si glei', daß dös wer B'sonderer sein müass', weil von dem Busch trotz der riesig'n Flamm' nit amal 's kloanste Asterl abbrennt is.

Da hat ihm der Gottvater g'sagt, wer er sei, und hat ihm den Auftrag geben, daß der Moses zum ägyptischen König geh'n sollt'. Und der König sollt's Volk Israel aus Ägypten außi lassen, weil dö ewige Plagerei iatz a End' haben müass'.

»Dös trau' i mi nit!« hat der Moses g'sagt. »Und nachher, wer wird's mir denn glauben, daß ös mir den Auftrag geben habt's. Koa Mensch glaubt's mir, weil ös schon so lang nix mehr von enk hören habt's lassen. Es kann mir höchstens passiar'n, daß sie mi als an

Schwindler einkasteln. Und liaber als das, tua i do no a halb's Jahrhundert Schaf' hüat'n!«

»I will dir schon a Zeich'n mitgeb'n!« hat der Gottvater g'sagt. »Wirf amal dein' Stecken auf'n Boden!«

Der Moses wirft sein' Stecken auf'n Boden, der glei' drauf a wüatige Schlang' worden is. Der Moses hat so an Schrecken kriagt, daß er in oan' Saus auf und davon springen hat wollen.

»So bleib' do da, du Hasenfuaß!« hat ihm der Gottvater nachg'ruafen. »Es g'schiecht dir ja nix!«

Drauf is der Moses langsam wieder umgekehrt.

»Iatz klaub' die Schlang' auf!« hat ihm der Gottvater ang'schafft.

»Wenn sie mi aber beißt!« hat der Moses g'moant.

»I hab' dir ja g'sagt, daß dir nix g'schiecht!«

Der Moses hat an herzhaften Tapper auf die Schlang' tan und alle vierzehn Nothelfer dabei ang'ruafen. Auf oamal hat er statt der Schlang' wieder sein' Stecken in der Hand g'habt.

»Gelt, da schaust!« hat der Gottvater g'lacht. »Traust di iatz no nit, zum Pharao hinz'geh'n und mein' Auftrag ausz'richten?«

»I hätt' nix dagegen!« hat der Moses g'moant. »Aber die G'schicht' hat do no an argen Hacken! Wenn i a längere Red' halten muaß, nachher bleib' i gewöhnlich stecken. Und i mag tuan, was i will, i kann nimmer weiter! Mit'm Reden hat's bei mir in der Schual' schon g'hapert. Was oan' nit angeboren is, dös kann man soviel hart erlernen. Und wenn i vor'm Pharao mit meiner Ansprach' auf oamal stecken blieb' und mi vor alle Leut' blamiar'n müaßt', dös wär' mir ganz anders z'wider!«

»Der Sach' laßt si abhelfen!« hat der Gottvater g'moant. »Wenn d' schon selber nit reden kannst, hat ja dein Bruader, der Aaron, a guat's Mundstück. Den nimmst dir grad' mit und laßt den für di reden! Nachher wird's schon geh'n!«

Dös hat dem Moses endlich eing'leucht't. Er hat die Schaf' hoam trieben und si no am selben Tag auf'n Weg in die Residenzstadt vom ägyptischen König g'macht.

Der Pharao hat den Moses und den Aaron freilich glei' außi werfen lass'n woll'n, bis der Moses dös Kunststückl mit dem Stecken und der Schlangen g'macht hat. Dös hat'n König a bisserl stutzen mach'n. G'nutzt hat's aber do nit viel.

Da haben der Moses und der Aaron mitanander die ägyptischen Landplagen kommen lassen. Z'erst haben's alles Wasser in Bluat verwandelt, überall riesige Frösch' außer zaubert, dö sogar bis zu die Leut' ins Bett krochen sein, so daß nit amal der König mehr mit Ruah' hat schlafen können. Nachher sein Heuschrekken und Fliag'n, Viechkrankheiten und Blattern kommen. Z'letzt hat's die ägyptische Finsternis abgeben, wo koaner mehr den andern g'sehen hat und jeder da hat sitzen oder steh'n bleib'n müass'n, wo er grad' g'wes'n is. Wenn oaner an andern hat a Ohrfeigen geben wollen und es hat'n die Finsternis grad' mittelt drunter erwischt, so hat er die Hand drei Tag' lang in der Höh' halten müass'n – erst wia nach dö drei Tag' die Finsternis wieder vorbei war, hat der andere sei' Ohrfeigen kriag'n können. Essen und trinken haben die Leut' natürlich auch nix können, weil sie nit amal 's Maul mehr g'funden haben vor lauter Finsternis!

Dö Landplagen sein dem König schon zu Herzen 'gangen, und er hat den Moses und den Aaron a paarmal um guat Wetter betteln müass'n. Hat auch a jedesmal hoch und teuer versprochen, daß er's Volk Israel aus Ägypten außi lassen wollt', wenn nur die Landplag' amal aufg'hört hätt'. G'halten hat er aber sei' Versprechen gar nia, bis dem Moses die Geduld g'rissen is.

Iatz is erst die schreckliche Plag' angangen. Dem König is's z'erst g'sagt worden – wenn er no nit nachgeb', nachher werden in a oanzig'n Nacht alle Erstgeborenen in ganz Ägypten ins Gras beißen müassen. Da hat's dem König freilich graust. Er hat aber no alleweil aberhandeln wollen und hat g'moant, 's Volk Israel alloan woll' er schon über die Grenz' außi lass'n, aber's Viech müass' herinnen bleiben!

»Nix da!« hat der Aaron g'sagt, der alleweil den Sprecher beim König g'macht hat. »Entweder laßt du Leut' und Viech außi, oder es g'schiecht, was du eh' schon woaßt! Glaubst du vielleicht, wir wollen auf unserer Roas verhungern, oder sollen wir vielleicht Gras fressen, wenn wir's Viech z'rucklassen! Koa Stuck bleibt nit da! Bis auf die älteste Goaß und das kloanste Kalbel muaß alles mit!«

Weil der König no nit hat nachgeb'n wollen, is in der nächsten Nacht dös g'schehen, was der Moses und der Aaron angedroht haben. Koa ägyptisches Haus war mehr, in dem nit a maustoter Erstgeborner leichweis' g'legen is. Auch der ägyptische Kronprinz hat dran glauben müass'n!

Da hat der König endlich die Schneid' verloren und den Moses mit aufg'hob'nen Händen bettelt, er mög' do um Gott und aller Heiligen willen schauen, daß er mit sei'm Volk Israel aus Ägypten außi komm'!

Dös haben si die Israeliter nit zwoamal sagen lassen und sein alle mitanander auszogen.

Wia sie aber bis ans rote Meer kommen sein, hat den Pharao die ganze G'schicht' wieder g'reut, und er hat seine Soldaten nachg'schickt, sie möchten 's Volk Israel nur wieder einfangen. Da hat er si aber g'waltig g'schnitten. Der Gottvater hat dem Moses und sei'm Volk mittelt durchs Meer durch a staubtrockne Landstraßen g'macht. Wia die ägyptischen Soldaten haben nach wollen, is auf oamal 's Meer wieder kommen, und haben alle mitanander elendig ersaufen müass'n. Nit a oanziger is mehr mit'm Leben davon kommen. Da hat's nachher der Pharao g'habt! Was hat er nit früher nachgeben!

Iatz is die Wanderschaft durch die Wüast'n angangen. Da hat's mit der Zeit 's liabe G'frett abgeben. In der Wüast'n is nix g'wesen als lauter Sand. Und aus Sand hat no nia a Mensch a Milchmuas kochen oder Brot backen können.

Im Anfang hat si's no tan. Aber mit der Zeit is denen Leuten der Proviant ausgangen. Iatz haben sie's mit der Schimpferei z'tuan kriagt. Der Moses und der Aaron sein nix zu beneiden g'wesen. Alle Tag' haben sie's hundertmal hören müassen: »Wären wir do in Ägypten blieben! Da haben wir wenigstens g'nuag z'essen g'habt! Viel z'wohl is uns g'wesen! Wir haben uns von zwoa so Dickschädel in so a schauderhafte Gegend locken lass'n müassen, wo d' nit amal an Hund außi jagen möchtest! Und wo soll denn nachher 's gelobte Land sein! Dös wird wohl nit viel g'scheuter ausschauen, als dö Wüastenei da! Erschlagen sollt' man eigentlich dö zwoa, daß sie uns alle mitsammen so ang'füahrt haben! D' Fleischtöpf' haben wir wohl mitg'nommen aus Ägypten! Aber Fleisch haben wir schon a paar Monat koans mehr z' sehen kriagt!«

So is 's den ganzen Tag fortgangen, und alleweil sein die Leut' no z'widerer worden. Unseroans is auch nit zum Singen aufg'legt, wenn ihm der Magen kracht.

Der Moses hat si z'letzt koan' andern Rat und Ausweg mehr g'wußt, als wieder amal zum Gottvater z' geh'n und ihm die ganze Zwickmühl', in dö er einklemmt war, eindringlich z' schildern. Der Gottvater hat a Einseh'n g'habt und hat von dem Tag regelmäßig 's Manna vom Himmel aber fallen lassen, dös d'Leut' grad' in ihre Töpf' und Schüsseln haben ein-z'fassen und z' essen braucht.

Wia's überall Zwidrian gibt, sein mit dem Manna auch nit alle z'frieden g'wesen. Dem oan' war's z'süaß, dem andern z'sauer, a dritter hätt's liaber abg'schmalzen g'habt, a vierter g'röstet und a fünfter gar mit Essig und Öl. A Toal hat g'schimpft, daß ihnen dö ewig gleiche Speiskarten z'langweilig werd'. Aber der Moses hat dazua dicke Ohren g'macht und si nimmer lang drum g'schert.

Kaum war dö Jammerei mit'm Essen erledigt, is's G'frett mit'm Wasser angangen. Dös gibt's in der Wüast'n höchst selten. Und wenn's vorkommt, is es schon so warm, daß d' glei' a Fleisch drin zuastell'n kannst. Vom Trinken gar koa Red' nit.

Für'n Durst hat der Gottvater auch z'letzt Hilf' g'schaffen. Er hat'n Moses abg'richtet, wia man mit an Stecken grad' auf an Stoan z' klopfen braucht und auf den Klopfer nachher glei's Wasser außer kommt. Also wären die Leut' amal prächtig versorgt g'wesen. Drum sein's wieder bald drauf übermüatig worden.

Wia der Moses am Berg Sinai die stoanernen Tafeln mit dö zehn Gebot' g'holt hat, is er der unz'friednen Bande viel z'lang ausblieben.

»Oh, der kommt do nimmer z'ruck!« haben s' g'sagt. »Sonst müaßt' er schon da sein! Unsertwegen braucht er gar nimmer z'kommen! Wir haben dö ewige Kommandiarerei eh' schon lang satt! Iatz können wir grad' tuan, was wir wollen!«

Darauf hat dös dumme Volk dem Aaron so lang zuag'red't, er soll' ihnen a goldenes Kalb machen, daß sie's anbeten könnten, bis er nachgeben hat müass'n. G'wehrt hat er si lang g'nuag und hat's auch schlau g'nuag ang'fangen.

»Woher soll denn i 's Gold zu an ganzen Kalb nehmen! Dös is do a unsinnig's Verlangen! Hat ja koaner von uns allen an Knopf mehr in der Taschen! Da müaßten höchstens die Weiberleut' ihre goldenen Ohrring' dazua hergeben!« hat der Aaron g'sagt und hat si dabei denkt: Auf dö Weis' kommt's goldene Kalb gar nia z'stand; denn die Weiberleut' geben ihre Ohrring' do nit her.

Da hat er si aber g'waltig verrechnet g'habt; denn im Handumdreh'n hat er an ganzen Haufen Ohrring' bei'nander g'habt. Iatz hat er halt do an d'Arbeit und dös goldene Kalb herstellen müass'n, so guat er's z'sammbracht hat. B'sonders wird's freilich nit ausg'fallen sein; denn der Aaron war ja koa g'lernter Goldschmied.

Um dös goldene Kalb sein s' Tag und Nacht tanzt wia die Verruckten. Mittelt unter der Kamödi is der Moses mit die stoanernen Tafeln daherkommen, wo die zehn Gebot' drauf g'schrieben waren. In sei'm Zorn hat er dem ärgsten Dickschädel die Tafeln um die Ohren g'haut. Dös haben dö aber nit ausg'halten – die Tafeln nämlich – und sein in tausend Scherben zersprungen, so daß der Gottvater alles wieder hat neu aufschreiben müass'n.

Mit'm goldenen Kalb war's iatz fertig. Der Moses hat so gründlich damit aufg'raumt, daß koa Stäuberl mehr davon übrig blieben is. Und dös war recht. Sonst hätten si dö eitlen Weibsbilder grad' wieder Ohrring' draus machen lass'n können. So haben sie's Nachschauen g'habt. Goldenes Kalb haben s' koans mehr g'habt zum drum umadum tanzen, und die goldenen Ohrring' waren auch pfutsch.

Sei'm Bruader Aaron hat der Moses gehörig den Standpunkt klar g'macht. Der hat aber schliaßlich a guate Ausred' g'habt, auf dö der Moses nimmer viel hat sagen können.

»Wärst früher kommen!« hat der Aaron g'moant. »Was willst machen, wenn d' muaßt! Dö Sakramenter hätten mi ja beim lebendig'n Leib g'schunden, wenn i ihnen nit dös Kalb z'sammen bastelt hätt'! Übrigens is's eh' koa recht's Kalb g'wesen. I woaß selber nit, was es für a Viech war. Jedenfalls a g'spassig's!« –

Immer näher sein die Israeliter dem gelobten Land kommen und z'letzt so nahe, daß sie a paar Mannsbilder vorausschicken haben können zum Auskundschaften, was denn eigentlich an dem gelobten Land dran sei und ob ihnen der Moses nit do am End' an blauen Teufel vorg'macht hätt'.

Die Kundschafter sein ziemlich lang ausg'wesen, weil sie am Rückweg schwer z'tragen haben g'habt. Sie haben nämlich an a eisernen Stangen a riesige Trauben daherg'schleppt, an der jede Beer' so groß war wia a Kindskopf. Und dös sei no die kloanste, dö sie g'funden hätt'n, haben sie g'sagt. Wenn sie oane von mittlerer Größ' hätten mitnehmen wollen, nachher hätten sie an eigenen Loaterwagen und zwoa starke Ochsen Vorspann dazua braucht.

Was die Kundschafter aber von dö Leut' in dem gelobten Land daherbracht haben, dös war nit b'sonders erfreulich z' hören. D' Leut seien da drinnen meistenteils Riesen und so wild, daß schon zum Fruahstuck a jeder a paar Menschen, den oan' g'sotten und den andern braten, haben müass'n.

Da wär' den Israelitern bald 's Herz in d' Hosen g'fallen. Der Moses hat's ihnen aber gehörig aufg'mischt und hat g'moant, ob sie denn ganz vergessen hätten, daß der Gottvater no da sei und daß der mit dö Riesen schon fertig würd'. Und wenn schon a paar im Anfang no g'fressen würden, so versprech' er ihnen, daß sie dafür vom Mund auf in Himmel kommen.

Am meisten hat aber den Leuten in d'Augen g'stochen, was die Kundschafter von die Bäch' und Flüss' im gelobten Land erzählt haben. Da sei immer der oane Bach von Milch und der andere von Honig. Und die Seen seien obenauf lauter Rahm und untendrein lauter Honig. Buttern täten die Mühlräder in dö Bäch von selber. Man brauchet' si nur den fertigen Butter von dö Radschaufeln aberz'klauben.

Die Feldfrücht' seien alle zehnmal so groß als wia gewöhnlich. Z'ackern brauch' man gar nix. Es wachs' alles von selber. Hagel geb's überhaupt gar koan'. Dafür sei's eben 's gelobte Land.

Der Moses hat dös gelobte Land nimmer z' sehen kriagt. Dös war so a Art Straf', weil er dem Gottvater amal nit recht glaubt hat, wia er wieder amal fürs durstige Volk hat Wasser aus an Stoan schlag'n müass'n. Er hat g'moant, a zwoat'smal werd' si dös nimmer leicht tuan lassen. Dös hat 'n Gottvater beleidigt. Und deswegen hat der Moses früher abkratzen müass'n, bevor d' Israëliter ins gelobte Land kommen sein.

Er hat aber no vor sei'm Tod dem Josua zu sei'm Nachfolger g'macht. Dös war a g'scheuter Gedanken, weil der Josua unter allen der beste Trompeter g'wesen is. Wenn der nit mit dö andern vor der Stadt Jericho si völlig die Seel' außer blasen hätt', bis von dem Mordsspitakel die Stadtmauern z'sammg'fallen sein – wer woaß, wia's nachher gangen wär' und ob si das Volk Israel im gelobten Land glei' so leicht tan hätt'. A guate Lungen is unter alle Umständ' viel wert.

Achtes Hauptstück

Vom König David und 'm Riesen Goliath. Von Absalom, dem Königssohn. Was für a grundg'scheuter Mensch der Salomon g'wesen ist

Mit der Zeit haben s' im gelobten Land König' auch wieder g'habt, weil's ohne dem schon nit geh'n kann auf der Welt, wenn amal mehr Leut' bei'nander sein. Da wird nachher glei' g'stritten und g'hackelt. Und da muaß man z'letzt do wieder an König haben, daß a Ruah' wird.

Der erste König im gelobten Land is der Saul g'wesen. Der hat aber den Gottvater amal wild g'macht, weil er ihm nit g'folgt hat. Und da hat si der Gottvater an andern g'suacht, den David. Der is amal derweil g'salbt worden, damit glei' a neuer König da is, wenn amal der Saul nimmer wär'.

Der David hat beim Saul Harfen spielen müassen, weil der alte König alleweil so an spottschlechten Humor g'habt hat und völlig gar nimmer damit auszkommen war. Wenn ihm aber der David recht a lustig's G'sangerl vorklampft hat, nachher is der Saul wieder für a Weil' besser aufg'legt worden.

Auf oamal hat's an neuen Kriag gegen die Philister abgeben, mit dö si die Israeliter gar nia haben vertragen können. Dösmal haben die Philister an Riesen bei ihnen im Lager g'habt. Der hat Goliath g'hoaß'n.

Der Goliath is a Mordsklachel her g'wesen, völlig so groß wia a Haus. An Helm hat er auf'm Schädel g'habt, den d' prächtig zu an Waschkessel hättest brauchen können. Am ganzen Leib hat er a eiserne Rüstung tragen, dö a paar Zentner g'wogen hat. Wenn er si auszogen hat, nachher hat alleweil a halbe Kumpanie an dem Eisenzeug z' schleppen g'habt. An die Wadel hat der Goliath Eisenschienen g'habt wia dicke Herdplatten. Und a Lanzen hat er g'schwungen, dö selbst für 'n allergrößten Heuwagen als Wiesbaum no z' schwar und z' groß g'wesen wär'.

Daß der Lackel zum fürchten war, laßt si leicht denken. Die Israeliter haben si auch davor g'fürcht', daß si koaner z'mucksen traut hat.

Dös hat der Ries' Goliath guat g'nua g'wußt. Deswegen is er alle Tag' a paarmal vor's Lager der Israeliter kommen und hat sie recht sakrisch z'samm' g'schimpft und für an Narren g'halten.

»Iatz will i grad' sehen«, hat der Goliath g'sagt, »ob koaner von enk a Schneid' hat! Komm' oaner nur außer, wenn er mit mir anz'bandeln si traut! Er soll nur außer kommen! Der soll si aber z'erst seine Knochen numeriar'n, bevor er kommt, damit er sie nachher wieder z'sammen findet. I wollt' ihn do beim Krips und beim Kragen nehmen und in die Luft aufi werfen, daß er bis zum jüngsten Tag droben hangen bleibt! Also traut si wirklich koaner außer? Hast so Fretter so elendige schon deiner Lebtag amal g'sehen? Da hat unseroans mehr Schneid' in der kloan' Zehen, als 's ganze Volk Israel mitanander! Laßt's enk hoamgeigen, ös Lettfeigen, ös Hennenenkel, ös Trauminit überananander!«

So hat's der Goliath jeden Tag trieben. Und den oan' Tag is er no gröber worden als den andern. Von dö Israeliter hat si aber koaner z' mucksen traut. Sie haben si grad' alle Grobheiten g'fallen lassen müass'n. Nit amal der Saul hat's g'wagt, an Schritt vor sein' Zelt außi z' tuan, und hat si vor lauter Schrecken, wenn er den Goliath wieder rebellen g'hört hat, in's Bett verkrochen und si die Ohren zuag'schoppt.

Wia die Komedi schon mehr als an Monat dauert hat und der Goliath vor lauter Schreien schon ganz hoaser worden is und ihm schon bald die Schimpfwörter ausgangen wären, is der David daher kommen.

Es war auch die höchste Zeit, daß mit dem Riesen aufg'raumt worden is; denn die Israeliter haben schon 's Fiaber g'habt vor lauter Angst, und dem König Saul hat den ganzen Tag der Kopf g'sumst, und sogar in der Nacht hat er nimmer schlafen können, weil er si alleweil einbild't hat, der Goliath schaut bei die Bettvorhäng' einer.

Wia der David von der ganzen G'schicht' erfahren hat, so hat er glei' g'sagt: »Mit dem Riesen nimm i 's auf! Den will i schon Mores lernen, daß er die Leut' in Ruah' laßt. I will den Lackel schon niederwerfen, daß er 's Aufsteh'n vergißt!«

»I bitt' di, red' nit so dalkert daher!« hat der König Saul g'moant. »Was willst denn du mit dem Riesen anfangen – so a Knirps! Der steckt di ins Leibtaschel, laßt di mit 'm Kopf außer schauen und tragt di so umadum, damit's drüben bei die Philister erst a rechte Hetz' hab'n!«

»Glaubst vielleicht, i fürcht' mi davor?« sagt der David. »Leibeltaschel hat der Goliath übrigens koans, weil er's in sei'm Leben no zu koan' Leibl bracht hat. Er tragt ja sei' eiserne Rüstung auf 'm bloßen Leib! Wirst schon sehen, du erlebst dei' Freud'! Zu was hätt' i denn als a kloaner Bua 's Viech g'woad't? Da hab' i oft g'nuag an Wolf oder an Bär'n a Schaferl aus 'm Rachen abjagen müass'n! Und da sollt' i mi vor so an patscheten Riesen fürchten! Da müaßt' i do narrische Schwämm' g'fressen haben oder auf a Irrwurzel treten sein!«

»Meinetwegen!« hat der Saul nachgeben. »Wenn du schon mit G'walt kaput sein willst, gehst halt außi zu dem Ruach'n. Aber i will koa schuld sein, wenn d' nimmer hoam kommst und di der Goliath mit Haut und Haar frißt!«

»Hab' nur koane Ängsten, König!« lacht der David. »Es is no koaner g'fressen worden, den man nit z'erst anbissn hat. Und zum Anbeißen muaß i's kommen lassen. Aber i moan' völlig, es kommt nit dazua!«

»So leg' nachher wenigstens mei' Rüstung an!« hat'n der Saul g'hoaß'n.

Wia der David dem König sei' Rüstung anprobiart, hat's 'n aber glei' über und über g'rissn, daß er oan' Purzelbaum nach'm andern hat machen müass'n. Um so viel is ihm dö Rüstung z' schwar g'wesen.

»Und so a Häuterl will an Riesen umbringen!« hat der Saul g'lacht.

Der David hat si aber nit irr machen lass'n. »Lass' mi nur!« hat er g'moant. »Mit der Rüstung alloan hat no koaner a oanzige Fliag'n erschlagen! Den Verstand darf man nit im Ellenbogen hab'n, sondern muaß ihn am rechten Fleck hab'n! Nachher braucht man si vor *hundert* Riesen nit z'fürchten!«

Der David hat si ganz a leichtes G'wanderl anzogen, a Schwert umgürt't und a alte lederne Hirtentaschen über d' Achsel g'hangen. In dö hat er a Trumm Kas und Brot g'steckt, wenn er etwa länger auf'n Goliath warten müaßt' und derweil Hunger kriaget. Neben den Kas hat er recht a zugige Schleudern und a paar ausgiebige Stoaner in die Taschen tan.

Am nächsten Morgen hat er si in aller Fruah auf'n Weg g'macht, is vor's Lager außi und hat auf den Riesen paßt.

Der Goliath is aber vom vorig'n Tag no ganz müad g'wesen vor lauter Schreien und Rebellen, hat si verschlafen und is nit früher aufg'standen, bevor ihm die Sonn' in's Maul g'scheint hat.

Der David is derweil gemüatlich an an Roan g'hockt, hat Kas und Brot aus der Taschen außer g'langt, si tüchtige Trümmer aberg'schnitt'n und si dabei wohl sein lass'n.

Wie er schon die längste Weil' g'wartet hat g'habt, kommt auf oamal der Ries' daher.

Der den David sehen und ihn anbrüllen war oans: »Was tuast du da, du elendiger Erdenwurm!«

»I sitz' halt da, wenn d' nix dagegen hast!« hat der David g'moant und hat g'lacht.

»Mir scheint gar, du willst di über mi lustig mach'n!« schreit der Goliath.

»I bitt' di, schrei' nit a so!« sagt der David. »I hab' ja no alle zwoa Ohren und bin nit dearisch! Dö ewige Schreierei könnt' mir schon ganz z'erst an dir z'wider werden! Kannst nit a bisserl stader reden!«

»Schrei'n tua i justament, soviel i mag! Dös hab' i mir schon als a kloans Kind nit verbiat'n lass'n!«

»Nachher schreist, wann's dir gar so a Freud' macht! Vielleicht hockst di da her und ißt a Stuck Kas und Brot! 's wird eh' dei' Henkermahlzeit sein!«

»Beim Essen bin i alleweil z'haben!« moant der Goliath, hockt si zum David auf'n Roan und fangt an einz'hauen wia zwanz'g hungrige Drescher. »Was hast denn eigentlich nachher mit der Henkermahlzeit g'moant?« fragt er nach a Weil'.

»Dös will i dir schon erklär'n!« deutscht 'n der David aus. »I hab' dir ja no gar nit g'sagt, wegen was i in aller Fruah da außer kommen bin!«

»Ja, wegen was denn? Da wär' i wirklich neugierig!«

»Es geht di auch am meisten an. I will di nämlich umbringen, weil du den Leuten ihr' Ruah' nit lassen kannst!«

»Du willst mi umbringen?« lacht der Ries' Goliath, daß er si 'n Bauch halten muaß. »Dös is a guater G'spaß! Wia willst denn dös nachher anfangen?«

»Dös wirst schon früah g'nuag inne werd'n!« moant der David.

»Du g'fallst mir. Du bist do amal a g'spassiger Kampl!« moant der Goliath.

»Wart' nur a Weil'! Nachher wird's dir nimmer zum Lachen sein! Wir geh'n dö G'schicht' glei' an!«

»Mein' Kas und mei' Brot laßt du mi aber do no z'erst essen?« fragt 'n der Goliath.

»Dös kannst!« sagt der David.

»So! Iatz bin i fertig!« moant der Goliath. »Also geh'n wir's wirklich an? Haben's bei die Israeliter nit no an kloanern Zwickel g'funden als di! Da hätten s' mir ja frisch glei' a Fatschenkind außer schicken können! Aber is gleich! I will dir die Freud' machen, weil d' mir soviel guat g'fallst!«

Damit steht der Goliath auf und stellt si in seiner ganzen Läng' und Breiten a Stuck vom David weg hin.

»Iatz komm', du winzige Wurzen!« hat er g'schrien. »Aber komm' mir ja nit z'nahe! Sonst druck i di mit 'm kloan' Finger in Erdboden eini, daß d' am andern End' von der Welt wieder außer wachst!«

»Nur nit aufdrahn!« sagt der David, nimmt sei' Schleudern und an Stoan aus der Tasch'n, zielt a Weil' und schnellt den Stoan dem Riesen Goliath derart an' Grint, daß er wia vom Blitz troffen auf'n Boden g'fallen is.

Der David is glei' hing'sprungen, kniat drauf und ziacht sei' Schwert außer.

»Iatz mach' Reu' und Leid!« hat er g'ruafen. »Du erbarmst mir zwar a bisserl, weil d' sonst a guater Kerl g'wesen bist! Aber i kann dir nit helfen! Ruah' gibst do koane!« Damit haut er ihm den Schädel ab, ohne daß der Ries' no an Muckser tan hat!

Die Israeliter und der König Saul sein völlig narrisch worden vor lauter Gaudi, sein glei' drauf auf dös Philistervolk los und haben sie völlig alle erschlagen.

Wia sie hoam kommen sein, haben dö dummen Weiberleut' den Saul alleweil kratzt, daß er wohl tausend erschlagen hätt', der David aber zehntausend. Dös hat den König natürlich langsam z' giften ang'fangt, und er hat den David z'letzt so gar nimmer leiden können vor lauter Neid und Zorn, daß der nimmer 's Leben sicher war.

Die G'schicht' is auch nit besser word'n, bis der König Saul in a neuen Schlacht umkommen is und man den David zum König ausg'ruafen hat.

Als König hat der David viel Guat's tan, hat den Gottesdianst neu eing'richt't und a Ordnung g'schaffen im ganzen Land.

Aber wegen so an Weibsbild hat auch er viel Übles erfahren müass'n. Weil er si mit 'm Weib vom Urias dummer Weis' in a Techtelmechtel einlassen hat, so hat ihm der Gottvater a paar tüchtige Strafen aufg'legt.

Dö ärgste Straf' war's aber für 'n David, daß er sein' Sohn, den Absalom, verliar'n hat müass'n. Dös is a so zuagangen.

Der Absalom is der schönste Mensch im ganzen Land g'wesen. Alle Diandeln haben si drein vergafft und sein ihm nachg'rennt wia nit g'scheut. Er hat si aber auch was einbild't auf sei' Schönheit. Die Haar' hat er lang wachsen lass'n, und die teuersten G'wander hat er si vom Schneider anmessen lass'n, dö's nur geben hat.

Den Absalom hat's gar soviel g'stochen, no viel eher König z'werden, bevor sei' Vater g'storben wär'. Er hat si daher bei die Leut' auf alle mögliche Art und Weis' einzutegeln g'wußt.

Wenn irgend a G'richtssitzung g'wesen is, hat er die Leut', dö aus'm G'richtssaal außer kommen sein, bei der Tür' abpaßt und hat oan' nach dem andern auf-g'hetzt.

»Dir is g'wiß wieder amal schwar's Unrecht g'sche-hen?« hat er g'sagt. »Siehst, dös sollst dir nit g'fallen lassen! Mei' Vater, der alte König David, versteht's halt do nit recht. Is auch koa Wunder. Er is ja bloß beim Viech aufg'wachsen und hat seiner Lebtag koan' Buachstab'n nit g'studiart! Da wär' i halt a anderer Kerl! I hab' alle G'setzer grad' so in kloan' Finger. Wenn i König wär', könnt' jeder Mensch zu dem Sei-nigen kommen! Dös is ja gar koa Ordnung mehr, wenn man mit die Leut' umspringt, wia man will! So a Regierung könnt' mir g'stohlen werd'n! Ös seid's alle mitanander vernagelt, daß ös enk dös so lang g'fallen laßt's.«

So hat er an die Leut' ani g'red't, bis sie ganz kopf-scheu word'n sein und er z'letzt a mächtig's Heer z'sammenbracht hat, mit dem er gegen sein' eigenen Vater hat auftreten können.

Dös is aber sei' Unglück g'wesen, oder eigentlich seine langen Haar'. Er hat mitsamt sei'm Heer Schläg' kriegt. Und wia er Reißaus g'nommen hat und alloan in aller Eil' durch an Wald g'ritten is, so is er mit seine Haar' an an Baum hängen blieben, und 's Roß is derweil unter ihm durch.

In derer verzwickten Lag' hab'n ihn nachher zwoa Feldherrn vom David g'funden und haben den Absalom, den Königssohn, wia er g'hangen is, mit ihre Lanzen an den Baum aufg'spießt. Wia sie's dem David erzählt hab'n, hat er si völlig nimmer z'helfen g'wußt vor lauter Herzload um sein' Buab'n.

Daß dö ganze G'schicht' so dumm ausgangen is, da is eigentlich der David selber viel Schuld dran g'wesen. Hätt' er dem Absalom nit von Jugend auf alles grad' so hingehen lassen und hätt' er'n namentlich dazua ang'halten, daß er si die Haar' ordentlich schneiden laßt, nachher hätt's nia so weit kommen können.

I mach's alleweil ganz oanfach, wenn mir meine Haar' z'lang vorkommen. Da setz' i mir mein' Knödelhafen auf, stell' mi vor'n Spiagel und schneid' mir dö Haar', dö über'n Rand vom Hafen außi steh'n, sauber ab, ganz genau nach'm Hafenrand. Auf dö Weis' bin i no nia wo hängen blieben mit meine Haar'! –

Wia der David g'storben is, da is der Salomon König worden. Der is di längste Zeit bis auf seine alten Tag' der allerg'scheuteste in der ganzen Welt g'wesen. Dem Gottvater hat er an Tempel baut, so prächtig, wia no nia oaner da war. Si selber hat er an Palast von lauter Gold und Silber aufg'füahrt, wia ihn nit amal der türkische Sultan hat.

Was für a grundg'scheuter Mensch der Salomon g'wesen is, dös sieht man am besten aus a G'schicht', wia er sogar denen Weiberleuten auf ihre Schlich' kommen is. Und dös braucht schon ganz an gehörigen Verstand!

Da sein nämlich amal zwoa Weiber zum König Salomon kommen, dö oane mit an toten Kind und dö andre mit an lebendigen.

Dös oane Weib hat g'sagt: »I und dö da wohnen mitanander in oan' Quartier. I leg' mi mit mei'm Kind schlafen und lass' mir nix Böses tramen. Wia i in der Fruah' aufwach', find' i dös tote Kind von der andern neben meiner im Bett, und sie hat mein' lebendig'n Buab'n!«

»So a Lug'!« ereifert si die andre. »Du hast dei' Kind im Schlaf erdruckt! Und 's lebendige Kind is dös meine!«

»Koa Red' nit!« schreit die oane drauf. »Du hast dei' eignes Kind erdruckt und hast's nachher hoamlich mit dem meinigen austauscht! I werd' wohl mei' Kind kennen! Du bist a Schwindlerin!«

So haben s' no a Weil' vor'm Thron vom König fort belfert, bis der g'sagt hat: »Stad sein! Dös werd'n wir iatz g'schwind haben, welcher von enk zwoa 's lebendige Kind g'hört. Türwachter, komm' her da, ziah dein' Sabel außer und hau' den Buab'n in zwoa Teil'; nachher gibst a jeder die Hälfte, damit a Fried' is!«

»Um Gottes willen nit!« hat die richtige Muatter

g'schrien. »Da lass' i den Buab'n schon liaber der andern, wenn er nur am Leben bleibt!«

»Nix da!« hat der andre Boasniggel g'moant. »Toalt muaß der Bua werd'n!«

»Hab' i di iatz, du falsche Larven!« hat der Salomon ganz zornig g'sagt. »Wia könntest du den Buab'n ausananderhauen lassen, wenn's dei' Kind wär'! G'schwind schaust, daß d' außi kommst! Und lass' di nimmer blicken! Sonst könnt's dir no anders geh'n!«

Der richtigen Muatter hat er drauf ihr lebendiges Kind wieder geben lassen.

Schon aus dem oan' Fall hätt' si der Salomon a Witzigung außer klauben können, was für a falsches, nixnutziges Volk die Weiberleut' sein.

Er hat si's aber nit g'sagt sein lassen. Wia er älter worden is, haben ihn so a paar heidnische Frauenzimmer derart ummer z'kriag'n g'wußt, daß er sogar den Gottvater vergessen und allerhand Götzentempel baut hat. Er hat deswegen auch elendig z'grund geh'n müass'n.

Der König David und der König Salomon haben viel Schriftliches hinterlassen. Der David hat Psalmen g'schrieben und sie selber auf Noten g'setzt für die Harfen. Der Salomon, wia er no in seiner g'scheutern Zeit drein war, hat a Masse Sprüch' abg'faßt, dö a ganzer Ausbund von G'scheutheit sein.

I hab's zwar nit gar alle verstanden. Aber dö in mein' Hirnschädel einigangen sein, dö hab' i mir ordentlich hinter die Ohren g'schrieben, damit i's ja nimmer vergiß!

Ös glaubt's iatz vielleicht, i soll enk dö Sprüch' da auch no aufschreiben! Grad' mit Fleiß nit! Dös hoaßet nix, als die Faulheit unterstützen! Nehmt's enk grad' die Zeit und klaubt's enk selber außer, was enk g'fallt und was's brauchen könnt's!

Neuntes Hauptstück

Von allerhand Propheten. Wia der Fisch den Jonas g'schluckt hat. Wia der Holofernes um an Kopf kürzer worden is. Die drei Buab'n im Backofen. Vom Daniel in der Löwengruab'n. Was sonst no im alten Testament g'schehen is

Seit'm Salomon sein die König' und das Volk von Jahr zu Jahr wieder schlechter worden. Deswegen hat der Gottvater die Propheten kommen lassen, daß sie ihnen ordentlich ins G'wissen reden.

Oaner von dö verstocktesten Sünder war der König Achab, der gar a Heidin zur Frau g'habt hat. Drum is er auch selber a halber Heid' g'wesen, hat dem Götzen

Baal an Tempel baut und ihm a paar hundert Priaster ang'stellt.

Dazumal is grad der Elias Prophet g'wesen. Der hat dö G'schicht nimmer länger mit anschauen können. Er is daher zum König gangen und hat g'sagt: »Entweder tuast bald anders, oder du wirst sehen, was dir g'schiecht! I stell' oanfach den Regen ein, daß dir alles im ganzen Land verdorrt!«

Der König hat dem Elias ins G'sicht g'lacht und si weiter gar nimmer drum kümmert. Da hat der Elias Ernst g'macht und es mehr als drei Jahr' nimmer regnen lassen.

Er selber hat a Zeitlang an an Bach g'lebt, wo ihm a paar Raben alle Tag' 's Essen bracht haben. Wia der Bach austrocknet war, is er zu a Witwe ins Quartier zogen. Und da haben der Elias, die Witwe und der Sohn davon die längste Zeit alle mitananander von an Kruag Öl und an Schäuferl Mehl g'lebt, weil boade nia gar word'n sein. Die Witwe hat nämlich nix anders kochen können als Ölkuachen. I hab' meiner Lebtag no koan' gessen, kann deswegen nit sagen, wia dös Zeug schmeckt.

Wia's gar nimmer g'regnet hat und die Leut' verhungert und verdurst't sein, is der König Achab endlich do zu Kreuz krochen. Er und der Elias haben mitanander g'wettet, daß a jeder an Stiar auf an Holzstoß legen sollt', aber koa Feuer drunter anzünden. Bei welchem Stiar nachher das Feuer von selber vom Himmel aberkomm', der hab' g'wonnen, und müass' nachgeben.

Natürlich is das Feuer auf 'n Elias sein' Stiar aberkommen und hat dös ganze Opfer bei Haut und Haar z'sammenbrennt. Die Baalspfaffen haben bei ihrem Götzen Tag und Nacht um Feuer schreien können. Der hat aber koan' Maunkezer tan.

Zu guater Letzt hat sie der Elias no ausg'lacht und hat g'moant: »Enker Gott wird wohl grad' nit dahoam sein, oder vielleicht hat er si aufs linke Ohr ummi draht und schnarcht!«

Dös Zoachen vom Himmel hätt' si der König Achab zu a Warnung sein lassen können. Es hat aber nix mehr dabei g'nutzt. Alleweil ärger hat er's trieben. An braven Menschen hat er sein' Weinberg g'stohlen und hat z'letzt, wia dem Gottvater die Geduld g'rissen is, elendig zu Grund geh'n müass'n. Sein'm Weib is 's nit besser gangen.

Wia der Elias schon auf der älteren Seiten war und si auf derer Welt lang g'nuag abg'strappelt hat g'habt, da hat'n der Gottvater in a feurig'n Kutschen mit feurige Ross' in Himmel aufi g'füahrt.

Der Elisäus, der nachher als Prophet dem Elias sein Nachfolger worden is, hat dabei zuaschauen dürfen.

Weil der Elisäus koa oanzig's Haar mehr auf'm Kopf g'habt hat vor lauter Denken und Studieren, is er mit sei'm Glatzkopf im Anfang nix z'neiden g'wesen. Die Leut' hab'n ihn alle ausg'lacht und habn g'moant: Schauts den an! Dem geht die Stirn gar bis ins G'nack abi! Und der Glatzkopf will gar no a Prophet sein!

B'sonders arg haben's die Buab'n trieben. Dö hab'n dem Elisäus, wo er gangen und g'standen is, nachg'schrien: »Glatzkopf! Glatzkopf! Erwisch' uns! Erwisch' uns! Enxel Bartel!« Dabei haben's ihm aus Blasröhr no Papierkügelen auf sei' Platten g'speckt, daß der glatzete Prophet oft g'nuag nit wenig erschrocken is.

Weil's damals no koa Mittel zum Haarwachsen geben hat, so hat dem Elisäus in anderer Weis' g'holfen werden müass'n. Wia wieder amal a ganze Kutt'n so Buab'n hinter ihm drein waren und er si gar nimmer z' helfen g'wußt hat, sein auf oamal etliche Bären zum Vorschein kommen und haben glei' a paar Dutzend von dö Lausbuab'n aufg'fress'n. Von der Zeit an war a Ruah'.

Wia der Elisäus g'storben war, is der Jonas als Prophet ang'stellt worden. Der hat den Auftrag kriagt, si auch amal um die Heiden z' kümmern, weil beim Volk Israel eh' alles Reden und Predigen nix mehr g'nutzt hat.

Bei Ninive, a großen Stadt, wo lauter Heiden g'haust haben, hätt' er anfangen sollen. Dem Jonas hat aber dös Amterl nit paßt. Er hat si denkt: der Gottvater hat lang guat reden! Was soll i da nach Ninive eini und mir vielleicht Prügel holen! Dös verdammte

Heideng'sindel hat ja koa Vernunft nit! Es is viel g'scheuter, wenn's der Gottvater frisch von der Erden wegputzt! Wegen a paar Heiden mehr oder weniger geht's do nimmer z'sammen!

Es is eh' die ganze Welt voller Heiden.

Der Jonas hat sie nachher, statt nach Ninive z' roas'n, auf a Schiff g'setzt, dös in a ganz umg'kehrten Richtung g'fahren is. Dös hat aber den Gottvater gewaltig verdrossen. Wia dös Schiff mittelt am Meer war, is auf amal a schrecklicher Sturmwind daher kommen.

Die Schiffsleut' haben's aber glei' losg'habt, daß dös alles nur wegen dem Jonas sei. Deswegen hab'n sie mit dem unfolgsamen Propheten kurzen Prozeß g'macht und haben g'sagt: »Wir seh'n nit ein, warum wir wegen dem da alle ersaufen sollen! Schmeißen wir'n außi!«

Im nächsten Monament is der Jonas schon ins Meer außi g'flog'n – und glei' drauf hat'n a großer Fisch abig'schluckt.

»Jatz is's aus!« hat der Jonas denkt, wia er in den Rachen vom Fisch abig'rutscht is. Er is aber do no lebendiger im Magen drunten ankommen. Da hat er Zeit g'habt, G'wissen z' erforschen und si's überlegen, ob a fest ang'stellter Prophet grad so tuan darf, wia er mag.

Volle drei Tag' und drei Nächt' hat der Jonas im Bauch von dem Fisch dunsten müass'n, bis ihm schon ganz angst und bang worden is und er schon g'wiß 'glaubt hat, iatz hab' er's Letzte auf der Mühl'. Da hat's ihn g'lernt beten, der Gottvater möcht's nur no oamal mit ihm probiaren. Er woll' jatz folgen wia a Lamperl.

Daß's in dem Fischmagen ganz a andre Hitz' g'habt hat wia in an Sudkessel, kannst dir denken. Dabei war natürlich die meiste Zeit a kohlrabenschwarze Finsternis. Nur wenn der Fisch 'gähnt und dabei den Rachen aufg'rissen hat, is für an Augenblick a bisserl a Tageslicht abig'fallen, so daß si der Jonas sein' Kotter hat näher betrachten können. B'sonders appatitlich hat's da drunten freilich nit ausg'schaut.

Wia dö drei Tag' und Nächt' vorbei waren, hat si der Gottvater do no über sein' Propheten erbarmt, weil er gar nimmer aufg'hört hat z' bitten und z' betteln. Mit spitze Stoaner in die Schuah' woll' er nach Ninive wallfahrten geh'n, hat der Jonas versprochen – aber in dem Fisch könn' er's unmöglich mehr lang aushalten.

Da hat der Gottvater dem Fisch den vernünftigen Gedanken eingeben: So an alten zachen Propheten schluck' i meiner Lebtag nimmer! Jatz liegt er mir schon drei Tag' und drei Nächt' im Magen! Wenn i'n nur schon wieder los wär'!

Dös denkt si nacher der Fisch und speit den Jonas am dritten Tag' ans Land, macht no a Kumpliment davor, weil's halt do a Prophet g'wesen is, und schwimmt wieder ins Meer außi, si um a anders Magenpflaster umz'schau'n.

Der Jonas hat iatz ja g'schwind die Füaß' über d' Achseln g'nommen und is nach Ninive eini, denen Heiden Buaß' predigen. Weil er in dem Fischbauch Zeit g'nuag g'habt hat, si a ordentliche Predigt ausz'denken, hat's auch g'wirkt, was er g'sagt hat.

Die Heiden haben über ihre Sünden z' rearen ang'hebt wia die kloan' Kinder, wenn sie die Ruat'n kriag'n, und haben si in aller G'schwindigkeit bekehrt, so daß der Gottvater no a Einsehen mit ihnen g'habt und sie am Leben lassen hat.

Dem Jonas is's freilich nit ganz recht g'wesen; denn der hätt' liaber Pech und Schwefel regnen g'sehen. Der Gottvater hat ihm aber an neuen Deuter geben, daß er's in Zuakunft gern g'lassen hat, si in Sachen einz'mischen, dö 'n nix angangen sein.

Wia der Jonas g'storben is, da is wieder a neuer Prophet nachkommen, und nach dem wieder oaner und so weiter. A jeder hat no mehr prophezeit als der andere. Und alleweil hat's no weniger g'nutzt. B'sonders haben dö Propheten alles vom Messias haarkloan vorausg'sagt, so daß si die Leut' darnach hätt'n richten können, wenn sie wollen hätt'n. Aber d' Leut' sein alle auf die Ohren g'sessen und haben die Propheten sein lassen. –

Fried' hat's die ganze Zeit nit viel geben. Bald is da a Kriag losg'wesen, bald dort. Auf oamal is der Holofernes kommen. Dös war a assyrischer General und hat glei' alle Völker mitanander mit Haut und Haar aufg'fressen.

So g'fürchtet war er, daß man bloß sein' Namen hat z' nennen brauchen, und die stärksten Leut' haben si vor lauter Angst hinter'n Ofen verkrochen. Da wär' der Ries' Goliath no gar nix dagegen g'wesen.

Wia der Holofernes mit dö übrigen Völker gründlich hat aufg'raumt g'habt, hat er si g'schworen, jatz woll' er 's Volk Israel auch amal ausbrennen, als wia die Schwabenkäfer in a Kuchel.

»Z'erst geh'n wir nach Bethulia; dös zünd' i glei' morgen an!« hat er g'sagt, und in a paar Stund' drauf is er mit'm ganzen Heer vor der Stadt Bethulia g'legen.

Dö in der Stadt drinnen haben koa loade Angst kriagt. Es is auch a ungemüatlich's G'fühl, nit z' wissen, wann oan' so a Wildling 's Dach über'm Kopf anzünd't.

Dösmal hat ausnahmsweis' amal a Weibsbild aus dem Schlamassel außi g'holfen, während oan' sonst die Weibsbilder nur no tiafer einitunken. Aber Ausnahmen muaß's überall geben. Warum denn in der biblischen G'schicht' nit!

In der Stadt war a fromme Witwe. Dö hat Judith g'hoaßen. Geld hat sie auch g'nuag g'habt. Und sauber war sie, daß man weit umadum koa solche mehr troffen hat.

Dö hat zum Magistrat von der Stadt g'sagt: »Laßt's mi nur amal außi! I will's dem Holofernes schon zoag'n. I glaub' alleweil, der Gottvater hat mir a einfallendes Liacht und damit an guaten Gedanken g'schickt. Was, sag' i enk nit. Aber auf dö Weis' können wir am leichtesten den assyrischen Leutschinder los werden.«

Sie hat si das schönste G'wand ang'legt, dös sie im Kasten g'habt hat. Aufputzt hat sie si wia an Pfingstochsen. Alle Ring' und Ketten hat sie anzogen, seidene Tüacher um an Hals g'legt und das teuerste seidene Fürtuach umbunden. 's G'sicht hat sie si schön rot ang'strichen, weil dö dumme Modi damals schon war.

A so außerputzt is sie nachher ins Lager zum Holofernes außi gangen. Der is eh' a ganzer Weiberleutslapp g'wesen. Wo er a Schürzen g'sehen hat, is er ihr nachg'sprungen wie a verruckter Heuschreck.

Jatz kannst dir wohl denken, daß der ganz anders g'spitzt hat, wia er dös bildsaubere Weibsbild g'sehen hat. Er hat die Judith glei' zum Essen eing'laden und hat ihr g'waltig schön tan. Aber da hat's weiter nix geben. Die Judith is recht freundlich damit g'wesen, hat'n narrisch verliabt g'macht und so auf dö Weis' schön stad eing'fadelt.

Dabei hat sie si hoamlich denkt: »Wart' nur, du Lackel, du ung'hobelter, du kommst mir do nit aus! Wenn i di heut' nit erwisch', so erwisch' i di morgen!

Lang dauert's g'wiß nimmer! Dös magst mir glei keck glauben!«

Der Holofernes hat der Judith an Schein ausg'stellt, daß sie, wann sie hat wollen, ins Lager hat kommen können und ihr die Wachen koa Schererei g'macht haben. Jedesmal, wenn sie gangen is, hat er sie no schöner bettelt, daß sie do recht bald wieder kommen sollt'. Es sei ihm alleweil Zeitlang. Und er hab' si no nia so prächtig unterhalten, als wia mit der Judith.

Wia die Judith wieder amal beim Holofernes eing'laden war, hat der a bisserl z'viel trunken und hat mit der Zeit an Mordsrausch z'sammen kriagt. Auf dö Weis' is er eing'schlafen.

Da hat die Judith schön stad dem Holofernes sein' Sabel außerzogen, und – siehst es, siehst es nit aa! – haut sie ihm sein' Kopf kurzweg ab, als wann sie dös Schlachtigen schon von Jugend auf g'wöhnt g'wesen wär'.

Den Kopf hat sie nachher in ihr seidenes Fürtuach tan, dös freilich bei derer G'legenheit bluatig worden is. Hat si aber nachher wieder auswaschen lassen. Mit dem abg'hackten Kopf im Fürtuach is sie in oan' Saus z'ruck in die Stadt.

Da haben sie glei' die Sturmglocken g'läut't. Die Soldaten haben si in Reih' und Glied aufg'stellt und sein mit an riesig'n Spitakel ins feindliche Lager außi zogen.

Die Feind' haben z'erst glaubt, dö Leut' von Bethulia sei'n auf amal narrisch word'n, weil sie si zum Holofernes außer traut hab'n.

»Da müass'n wir do g'schwind unsern General wekken geh'n, daß er dem frechen G'sindel hoam leucht't!« hab'n 's g'sagt.

Freilich war alles Wecken umsonst. Wia sie beim Zelt vom Holofernes eini g'schaut haben, is der ohne Kopf drein g'legen.

»Jessas! Jessas!« haben's da z'sammen g'schrien. »Der General hat koan' Kopf mehr! Der Holofernes hat sein' Kopf verlor'n! Jatz is 's aus! Jatz sein wir g'liefert!«

Es is ihnen auch nix anders mehr übrig blieben, als si von dö Israeliter z'sammenhauen z' lassen und si no schön dafür z' bedanken, wenn's g'schwind überstanden war.

Drei Monat' lang haben die Israeliter vor lauter Freud', daß sie dösmal no mit heiler Haut davon kommen sein, nix als g'juchezt und oa Festmahlzeit nach der andern geben.

Die Judith hat überall dabei sein und ordentlich B'schoad tuan müass'n.

Sie hätt' natürlich no die prächtigsten Heirat'n machen können; denn a jeder hätt' si's zu a Ehr' g'schätzt, so a brave Person zu sei'm Weib z' haben. Sie hat aber selbst nimmer mögen und is Witwe blieben. Is auch viel g'scheuter g'wesen. Wer woaß, wia's worden wär', wenn sie no amal g'heirat't hätt'.

Alle Strafgericht', dö der Gottvater aber lassen hat und wieder alle Geduld haben mit der Zeit gar nix mehr g'nutzt. Da hat si der Gottvater denkt: Wartet's nur! Jatz werd' i enk den Übermuat amal gründlich versalzen!

Da hat er an babylonischen König g'schickt, mit an schauderhaft langen Namen, den i mir nia hab' merken können. Der hat Jerusalem eing'nommen und die Leut' in die G'fangenschaft mitg'nommen. Da haben sie's nachher g'habt!

Dem babylonischen König is's auf oamal eing'fallen, a goldene Säul' aufz'stellen. Und dö hätten die Leut' anbeten sollen, als wenn's der Herrgott selber wär'!

»Wer stützig is«, hat der König austrommeln lassen, »der wird in'n Backofen g'schürt. Da wird nachher ordentlich eing'hoazt, daß er's schön warm hat!«

Da haben si die Leut' freilich g'forchten und sein um dö goldene Säulen umadum kniat und auf ihre Knia dazua hing'reffelt, als wenn's woaß Gott was für a wundertätig's Gnadenbild g'wesen wär'.

Grad' drei Buab'n, dö die schneidigsten in ganz Babylon g'wesen sein, is dö ganze G'schicht z' dumm vorkommen.

»Eher daß wir so a dalkete Säulen anbeten«, haben sie g'sagt, »eher lass'n wir uns anschüren! Mehr als verbrennen können wir sowiaso nit! Wenn dem König nix G'scheuters mehr einfallt, als solche blitzdumme Verordnungen außer z' geben, nachher soll er si überhaupt pappen lassen!«

So a widerhaarige Red' is freilich nit duld't word'n, und dö drei Buab'n hab'n in'n Backofen spaziar'n müass'n. Der König hat in sei'm Zorn no zehnmal soviel einhoaz'n lassen, als notwendig g'wesen wär'.

Gegen Abend hat der König g'sagt: »So! Jatz holt's an Besen und kehrt's die Aschen von dö drei Sakerloter z'samm!«

Wia er aber selber zum Backofen kommen is, hat er g'lost! Dö drei Buab'n hab'n im Ofen drein g'jodelt, daß 's a helle Freud' war.

»Ja, jatz woaß i nit«, hat der babylonische König g'moant, »bin i's oder bin i's nimmer! So was is ja völlig nit möglich!«

Er hat g'schwind 's Türl vom Ofen aufmachen lass'n – und da sein dö drei Buab'n, als wenn gar nix g'wesen wär', von an Engel begleitet aus 'm Ofen außer kommen, kreuzfidel und ohne daß ihnen a Haarl verbrennt wär'.

»Jatz staht die Welt nimmer lang!« hat der König vor lauter Staunen ausg'ruafen.

»Wir danken schön für die Unterhaltung, Herr König!« hat oaner von dö Buab'n g'sagt. »Wir hab'n da drein 's feinste Leben g'habt. A küahl's Lüfterl is gangen wia droben auf a Hochalm. Und der Engel hat uns, damit uns nit langweilig worden is, die schönsten G'schichten vom himmlischen Vaterland erzählt.«

»Dös Leut'-Anschüren gib' i von heut' an auf!« hat si der babylonische König denkt und hat allen drei Buabn a schöne Anstellung bei ihm geben, daß sie für ihrer Lebtag prächtig versorgt war'n und si's nit besser hätten wünschen können. –

Am meisten Ansehen hat damals unter die Israeliter der Daniel g'habt. Der hat auch beim König an schweren Stoan im Brett g'habt.

Nach dem König mit dem langen Namen is a anderer kommen. Weil's denen Babylonern mit der Zeit do z' langweilig word'n is, alleweil grad dö goldene Säul' anz'beten, haben sie si an neuen Gott erfunden. Und dös is zur Abwechslung amal a lebendiger Drach' g'wesen.

Der Daniel hat g'sagt: »Ös seid's dumm g'nuag, daß ös auf den Drachen was halt't's. Gilt's a Wett', so bring i dös Viech um, ohne daß i a Schwert in die Hand nimm. Nit amal an Stecken brauch' i!«

Der König is damit einverstanden g'wesen. Da hat der Daniel Waldpech, Rindsfetten und Roßhaar' mitanander kocht und dö Mixtur dem Drachen z'fressen geben. Natürlich is dös Viech glei' drauf krepiert; denn so a Kur halt nit amal a Drach' aus.

Die Leut' sein aber wild worden, weil ihnen der Daniel ihren Drachen umbracht hat – und der König hat den Daniel in a Löwengruaben werfen lassen müass'n, wenn er nit selber von dem ganz wüatig'n Volk hat umbracht werden woll'n.

Statt daß die Löwen, denen man a paar Tag' lang nix z' fressen geben hat, damit's recht hungrig werden, iatz glei' über'n Daniel herg'fall'n wär'n und ihm den Garaus g'macht hätt'n, sein sie zahmer g'wesen als a Schoßhunderl, hab'n schön aufg'wartet, 's Pratzerl hergeb'n und alles tan, was der Daniel g'wollt hat.

Wenn aber schon die Löwen ihren Hunger verbissen hab'n, so hat's do dem Daniel in derer Gruab'n unten ohne Essen viel z' lang dauert.

Da hat a Engel in der Nähe von Jerusalem, dös dazumal ganz zerstört war, an Propheten antroffen. Habakuk hat er g'hoaß'n, der Prophet nämlich. Der Habakuk hat si grad' a Muas kocht.

Der Engel sagt zu ihm: »Jatz g'schwind kommst mit dem Muas mit mir zum Daniel in der Löwengruab'n bei Babylon!«

»Was woaß denn i, wo Babylon is!« hat der Habakuk greint. »Und was soll denn i in a Löwengruab'n anfangen? Und den Daniel kenn' i schon gar nit! Lass' mir mein Ruah'!«

Der Engel hat aber nit lang Lazi g'macht, packt den Propheten Habakuk bei an Zipfel und tragt 'n mitsamt 'm Muas in die Löwengruab'n. Da hat er warten müass'n, bis der Daniel fertig gessen hat g'habt. Die Löwen haben's G'schirr ausg'schleckt, damit sie auch a bisserl was g'habt haben. Den Habakuk hat der Engel nachher wieder nach Jerusalem z'rucktragen. Da hat er sie a neu's Muas kochen können und hat, ohne an Kreuzer Roasgeld ausgeb'n z' müass'n, Babylon und die Löwengruab'n g'sehen g'habt.

Nach a Woch'n is der König nachschauen gangen, ob er vom Daniel vielleicht no an Knochen find', den die Löwen übrig g'lassen hätten. Den hätt' er si gern zu an Andenken einrahmen lass'n. Wia er g'seh'n hat, daß der Daniel frisch und munter in der Gruab'n war und so g'sund ausg'schaut hat wia a Prälat, is er freilich vor lauter Gaudi in d' Höh g'hupft und hat den Daniel glei' außer holen lass'n. –

Nach siebzig Jahr' sein die Israeliter wieder aus der babylonischen Gefangenschaft z'ruck'kehrt. Dö Lehr' hat g'nutzt g'habt; denn sie hab'n si von der Zeit an do a bisserl bessert.

Die Propheten haben immer mehr vom Messias voraus g'sagt. Und dös hat auf die Leut' do an Eindruck g'macht. Und viele haben si denkt: Wir müass'n halt do a anders Leben anfangen. Man kann nit wissen, wia's amal geht!

Fremde König', dö's Volk g'schunden hab'n, sein zwar nachher auch wieder daher kommen. Aber die Leut' haben dös Vertrauen nit ganz verloren.

Z'letzt sein nachher die Römer kommen, dö damals die ganze Welt in die Taschen g'steckt hab'n. Dö hab'n den Herodes zum König vom Volk Israel g'macht. Natürlich hat der tanzen müass'n, wia der römische Kaiser pfiffen hat.

Die Heiden haben die ganze Welt regiart. Es is a

wahrer Graus g'wesen, an was alles für Götter und Göttinnen die Leut' glaubt haben!

Da hat si der Gottvater denkt: Jatz is's Zeit, daß i die Tür vom alten Testament zuamach' und daß 's neue Testament sein' Anfang nimmt.

Zehntes Hauptstück

Wia si's neue Testament anhebt und die Engel den Hirten die glorreiche Geburt des Messias verkünden. Vom grausamen König Herodes und den heiligen drei Königen aus'm Morgenland. Vom himmlischen Reich und zum Beschluß a getreue Abschilderung von Beschaffenheit und Schönheit des Himmels

Jatz hebt si's neue Testament an.

Bald nachdem der Engel der Jungfrau Maria die Geburt des Messias verkünd't g'habt hat und es schon an der Zeit war, daß das Christkindel auf die Welt kommen soll, hat der römische Kaiser a Volkszählung ausschreiben lassen. Alle, dö im römischen Reich waren, haben aufg'schrieb'n werd'n müass'n, damit ihnen später koaner auskommen sollt', wenn's ans Steuern zahlen gangen is.

Die Leut' haben freilich g'schimpft. Dös hat ihnen aber gar nix g'holfen. Z'gleich haben's aber auch schon die Köpf' z'sammen g'steckt und haben g'moant, jatz könn's nimmer lang dauern, bis alles anders würd', wenn man der alten Prophetenlehr' halbwegs an Glauben schenken dürf'.

Viele hat 's Leben schon ganz verdrossen, weil sie koa Aussicht g'habt hab'n, so bald in Himmel z' kommen, sondern nach 'm Tod alleweil no a Zeitlang in der Vorhöll' warten hab'n müass'n.

An dem Tag, wia s' in Bethlehem die Volkszählung abg'halten hab'n, sein auch Josef und Maria dorthin kommen, um si aufschreiben z' lassen. Weil alle Quartier' schon voll waren und die boaden armen Leut' koa Geld g'habt hab'n, daß sie hätten a Quartier zahlen können, haben s' vor die Stadt außi müass'n und in an elendigen alten Stall übernachten.

In den Stall is aber in derselbigen Nacht die ganze Herrlichkeit des Himmels einzogen. Und es is liachter und prachtvoller dort draußen g'wesen wia in an Königspalast. In derselbigen Nacht is das Christkindel auf die Welt kommen und im Kripperl g'legen.

Weil die reichen Leut' si 's nia verdiant hab'n, daß sie zuerst davon erfahren sollt'n, is die Geburt des Messias z'erst denen armen Leut'n verkünd't word'n. Die

Hirt'n, dö bei Bethlehem auf 'm Feld ihre Schaf' g'woad' hab'n, dö haben's z'allererst erfahr'n.

Es ist a wunderschöne Nacht g'wes'n. Der älteste Hirt, der Lenz, is alloan beim Feuer g'sessen und hat si Händ' und Füaß' g'wärmt. Die anderen jüngern Hirtenbuab'n hab'n derweil no auf der freien Woad' außen z'tuan g'habt, daß ihnen koa Stück Viech wegkommen is.

Der alt' Lenz hat grad' amal so vor si hin simuliert, wia er no a junger Bua war und über Zäun' und Graben hat springen können, so frisch wia a Gams.

Wia er so sinniert und si denkt – erleben möcht' er's halt do no, daß der Messias käm', da rennt der Jackl, a junger Hirt, in oan' Saus daher und rennt den alten Lenz völlig über'n Haufen.

Der Jackl is der größte Hasenfuaß von allen g'wesen und hat si vor'm Schatten an der Wand g'fürchtet.

»Hast vielleicht gar wieder amal a G'spenst g'sehen?« fahrt 'n der Lenz an.

»Lenz, du magst mir's schon glauben oder nit!« moant der Jackl, der kaum mehr schnaufen kann vor lauter Springen. »Völlig Bluat g'schwitzt hab' i vor lauter Angst. Du woaßt schon, da droben bei der Haberleiten, da is's eh' nit ganz richtig. Da geistert's!«

»I woaß nit, bist b'soffen oder bist wirklich so blitzhageldumm!« laßt 'n der alt' Lenz ganz granti an. »Schamst di denn gar nit, so abergläubisch z' sein! Schau', daß d' ins Bett kommst! 's is nimmer z' fruah!«

Der Jackl hat si drauf nix mehr z' sagen traut. Wia sie grad' boade ins Heu schliafen wollen, kommt a anderer Hirt, der Hansl, daher und glei' darnach der Ferdl.

»Heut' is was los!« ruaft der Hansl. »Bei uns drüben is jatz grad' früher a Bua mit Flügel g'wesen. I kann mir's nit anders denken, als daß's gar a Engel war! Und seitdem wird's alleweil liachter am Himmel. Es hat ja erst vor a Viertelstund' in Bethlehem zwölfe g'schlagen. Da müaßten wir doch früher Gebet läuten g'hört hab'n, wenn's schon so nah' am Morgen wär'!«

»Ah was!« hat der Lenz g'sagt, der schon ganz schlafrig war. »Laßt mi do mit solchen G'schichten aus!«

»Naa, naa, Lenz«, mischt si jatz der Ferdl drein. »I hab' mehr Engel vom Himmel aber reiten g'sehen, als grad' oan! Mir scheint, heut' sein sie alle auskommen! Und weiter drüben kannst es auch ganz genau sehen, wia am Himmel a wunderschöner Stern steht. I sag dir's, der is no viel größer als unsere Stallatern'!«

»Ja, ja, der Himmel hat a Kluft!« traut si der Jackl auch wieder 's Maul aufz'tuan.

»Und bei dem Sternloch«, moant der Ferdl, »sein die Engel abg'rutscht. In der ganzen Luft hat's glitzert und glanzt vor lauter g'flügelten Buab'n. A jeder davon hat zwoa schneeweiße Flederwisch auf'm Buckel g'habt!«

Jatz kommt der Loisl auch no daher. Der hat si

schön Zeit lass'n und moant: »Am Himmel is ganz a neuer Glanz. Und der Gottvater muaß am End' heut' gar nit dahoam sein, weil die Engel allesamt bei uns herunten sein!«

»I laß mir's nit nehmen, Loisl«, traut si da der Jackl wieder a Wort z' reden. »Sie hab'n im Himmel z'viel eing'hoazt. Und da is ihnen a Feuer auskommen. Deswegen sein's heut' alle rebellisch!«

»Wenn du do nit so dumm daher reden tätest!« fahrt 'n der Loisl an. »Wer wird denn im Himmel droben hoaz'n! Dem Gottvater und den Engeln is do nit z' kalt. So a narrisches G'schwatz!«

Der Lenz, der is alleweil aufmerksamer word'n. Endlich is er als der Älteste und G'scheuteste drauf kommen, was eigentlich los sei.

»So«, hat er g'sagt. »I kenn' mi jatz schon aus, wia viel's g'schlagen hat. Zu was hätt' i denn in meiner freien Zeit alle die alten Propheten g'lesen! Oaner davon hat prophezeit, daß amal a Nacht kommen wird, wo's an argen Spitakel abgibt. Wir werden nit wissen, is's g'haut oder g'stochen. Da werden die Engel in der Luft umadum springen, werden jodeln und pfeifen, daß man moant, der Himmel fallt ein. Und a Stern wird kommen, der wird mit sei'm Glanz 's ganze Firmament ausfüllen! Dös is nachher das letzte Zoach'n, daß in derselbigen Nacht der Messias auf d'Welt kommen is!«

Wia der Lenz dös sagt, geht auch schon der Stern

am Himmel auf, daß alle an Schroa tan hab'n vor lauter Schreck'n.

»Jessas, jatz is was g'scheh'n!« ruaft der Hansl aus. »G'schwind, Jackl, lauf ummi zu die Nachbarsleut', hol' den Weberstöffl und den Jagerfranzl und den Anderl und den Ochsenhartl! Alle sollen s' kommen!«

Da kommt dös kloane Hüaterdiandl, 's Sepherl, daher. Ganz krebsrot is's vor lauter Aufregung und kaum reden kann's; so is's g'laufen.

»Grad früher bin i da ummi g'rennt«, erzählt's Hüaterdiandl, »und hab' no im Stall abi g'schaut, ob alles in der Ordnung is. Denkt's enk, a Kinderl liegt in der Krippen drinnen. Und tausend Engerln sein rund umadum und fliag'n ab und zua. Zwoa Leut' sein mit dabei, a alter Mann mit graue Haar' und a wunderschöne Frau. Der Ochs und der Esel sein auch no drunten im Stall. Dö stehen mit ganz g'scheute G'sichter hinter der Krippen und schnaufen alleweil dem Kinderl seine Füaß' an, damit 's ja nit z' kalt kriag'n soll!«

»Dös is der Messias!« ruaft der alt' Lenz in oan' Jubel. »Dös is amal ganz g'wiß! Jatz geht's dem sakrischen Teufel ans Leben! Der wird drein sprotzen, wenn er's in der Zeitung von Bethlehem liest!«

Da blasen auf oamal die Posaunen vom Himmel, und a ganze Schar Engel kommt aberg'flogen, mittelt unter die Hirten eini.

Da haben si die Hirten wohl g'schwind nieder kniat

und andächtig ’s Kreuz g’macht. Drauf hat ihnen der allerschönste und größte unter dö Engel die Geburt des Messias verkünd’t.

G’schwind sein die Hirten in ihre Hütten und in die Nachbarhäuser g’sprungen. Der oane is mit an Dudelsack, der andre mit a Flöten kommen. Der hat a Schüssel Buttermilch tragen, a andrer a Korb voll Krapfen. ’s Hüaterdirndl hat alle Eier aus dö Hennennester ausg’raumt. Der Lenz hat das jüngste und wolligste Lamperl ausg’suacht, hat ihm a rot’s Seidenbanderl und a Schellerl ang’legt und hat’s als Opfergab’ fürs Kind mitg’nommen. Koaner von alle is mit leere Händ’ gangen.

Die Engel hab’n die Hirten ang’füahrt. Bevor sie si auf’n Weg g’macht hab’n, hat ihnen der alt’ Lenz aber no a guate Lehr’ geben.

»Gebt’s mir fein acht«, hat er g’sagt, »daß si jeder von enk ordentlich auffüahrt! Wenn wir zum Kripperl kommen, so fallt’s mir fein auf die Haxen und reckt’s mir d’ Händ’ in die Höh’! Mi laßt’s voraus! Nachher sag’ i dem Kind glei’ die zehn Gebot’ auf, daß es woaß, wir sein brave Christen!«

Wia die Hirten mit dö Engel zum Stall kommen sein, haben sie fein höflich z’erst bei der Stalltür anklopft. Der heilige Josef hat ihnen die Tür aufg’macht und recht freundlich Grüaß Gott! g’sagt. Da is nachher das Kinderl drinnen g’legen und hat die Hirten ang’lacht. Die Engel haben schöne Liader g’sungen.

Die Hirten haben ihre Gaben dargebracht, und jeder hat dazua no a Verserl aufg'sagt, dös er si unterwegs in der Schnelligkeit einstudiart hat g'habt.

Die Muattergottes und der heilige Josef sein zu boade Seiten von der Krippen kniat. Über der Krippen sein zwoa von dö kloansten Engerln g'flogen; dö haben an langen Streifen Papier ausbreitet g'habt als wia a Band. Und auf dem Papierstreifen is's Gloria mit große goldene Buachstaben g'malt g'wesen, damit jeder, der daher kommen is, es von aller Weiten schon hat guat lesen können.

So is die heilige Nacht ummer gangen in lauter Freud' und Glückseligkeit.

Lang hat's nit verborgen bleiben können, wer zu Bethlehem im Stall drunten Einkehr g'halten hat. Und wenn schon die Hirten nix ausg'ratscht hätten, so hätt's schon der helliachte Stern verraten, der nimmer vom Himmel g'wichen is und den man sogar am Tag neben der Sonnen g'sehen hat.

Die Leut' haben schon allerhand g'red't über den Stern. Aber so ganz das Richtige hat halt do koaner antroffen.

B'sonders unhoamlich war die ganze G'schicht' dem König Herodes, weil er von jeher nit 's beste G'wissen g'habt hat. Der hat die Schriftgelehrten völlig auf'n Kopf g'stellt, daß sie ihm ausdeutschen sollten, was denn eigentlich der Stern' bedeut'.

Da hat aber koaner nix Rechtes g'wußt. Wenn

zwoa Schriftgelehrte z'sammkommen sein, nachher haben's anander grad' vorg'jammert, daß ihnen der Stern no 's Leben verbittr', weil sie'n in koan' Buach nit finden könnten.

»Heut' bin i schon ganz deschparat!« hat der oane g'sagt. »Der verflixte Stern, was der uns zu schaffen macht! A jeder Bauernlümmel will wissen, was der Stern bedeut't. Und der König Herodes ist der allerneugierigste unter den Neugierigen. Jatz is's schon über fufzig Jahr', daß i Mitglied der Synagog' bin – aber so g'ärgert wia heut' hab' i mi no nia!«

»I bin ganz krank vor lauter Zorn!« hat der andre beig'stimmt. »Was glaubt denn der König, wir sein Narren! Das is do z'arg, mir als dem ersten Vorsteher der Synagog' zuaz'muaten, daß i die Schrift falsch ausleg'! Wenn amal nix drin steht, nachher steht nix drin! Soll er si 's selber außerklauben, wenn er's find't! Die Propheten hab'n auch nit alles g'wußt, wenn s' a die Weisheit mit Löffeln haben g'fressen g'habt!«

»Was glaubt denn der König, wir haben umasonst g'studiart, bis wir graue Haar' und a Glatzen kriagt hab'n!« hat der andre drauf no brummelt.

Derweil si der König und die Schriftgelehrten mit'm Stern alleweil no nit auskennt hab'n, sein die heiligen drei König aus'm Morgenland schon längst auf'm Weg g'wesen und hab'n die ganze Roas genau nach dem Stern eing'richt't, der ihnen fleißig vorangangen is und sie nimmer auslassen hat.

Bald drauf hab'n der Kasper, der Melchior und der Balthasar beim König Herodes anklopft. Der königliche Trabant hat ihnen die Tür aufg'macht, und wia er g'hört hat, daß dö drei auch König' seien, und zwar aus'm Morgenland, hat er sie glei' in Thronsaal zum Herodes eini g'füahrt.

Der is auf sein'm Thron g'sessen und hat schon ganz Schädelweh g'habt vor lauter studiar'n über den Stern.

Die heilig'n drei König' hab'n glei' nachg'fragt nach dem neuen König, der da in der Nähe geboren sein sollt' und der zu an Herrscher über die ganze Welt bestimmt sei. Da is der Herodes freilich im ersten Monament aufg'fahren wia a Wilder, weil er's ordentlich schon g'spürt hat, wia ihm sei' eigenes Krönl z' wakkeln ang'fangt hat.

Er hat si aber g'schwind z' verstellen g'wußt und hat si denkt: Mit'm Guaten richt' i mehr, als mit'm Bösen.

Er hat daher no amal die Schriftgelehrten z'sammtrommeln lassen, damit sie denen heiligen drei Königen an bestimmten Aufschluß geben sollten. Von dö Schriftgelehrten haben aber die meisten gar nimmer kommen wollen. Der oane hat si ausg'red't, daß er die heilige Schrift verloren hat', der andre hat Zahnweh g'habt, a dritter hat seine Augenbrillen nit g'funden zum Lesen, und a vierter hat von der ganzen Sterng'schicht' überhaupt nix mehr wissen wollen.

Z'letzt sein aber do no zwoa oder drei Schriftgelehrte z'sammkommen; und weil sie si do nit vor vier König' z'gleich haben blamiar'n wollen, haben sie's endlich außertüpfelt, was mit dem Stern los sei.

Der Herodes is ganz anders erschrocken, wia er erfahren hat, daß 's mit dem neuen König sei' Richtigkeit hat'. Er hat si aber recht freundlich g'stellt und hat die drei König aus'm Morgenland recht herzlich bettelt, sie möchten ihm's ja sagen, wenn sie den neuen König g'funden hätt'n. Nachher wollt' er si g'schwind auf'n Weg machen und sei' schuldige Verehrung darbringen.

Die heilig'n drei König' hab'n si aber denkt: Du red'st uns lang guat g'nuag! Etwas Guat's hast du do nit im Sinn. Dös lesen wir dir schon von deiner teuflischen Larven abi. Von uns erfragst amal nix, wenn wir dös Kinderl antreffen!

Mit dö Gedanken sein die heilig'n drei König' davon zogen und schnurstracks auf Bethlehem zua. Da sein sie mit dö Hirten, dö beim Kinderl mit die Engel Wacht g'halten hab'n, z'sammen kommen. Kannst dir denken, wia die Hirten drein g'schaut hab'n, wia glei' drei König' auf oamal daher g'ritten sein.

Der Jackl is amal glei' auf und davon g'sprungen, wia er den Mohrenkönig nur vom weiten g'sehen hat, weil er glaubt hat, es hol' ihn der Teufel.

Der Lenz, der auch no nia mit an König g'red't hat g'habt, hat si z'erst a Schneid' g'nommen und hat den ältesten von dö drei König' ang'red't: »Grüaß Gott, Majestät! Was wär' denn nachher g'fällig?«

Da hab'n die König' glei g'fragt, in was für an Palast des Christkind wohn'.

»A Palast?« hat der Lenz g'lacht. »Mei' liaber König, da wirst du di schneiden! Es liegt im Stall, und der hat kaum a g'scheute Tür'! I will enk schon hinführen, weil 's schon amal da seid's. Aber i woaß nit, ob i den ruaßig'n Kohlenbrenner mit seiner schwarzen Gosch'n mitnehmen kann. 's Kind könnt' si leicht dran schreck'n und in d' Froas'n fallen, wenn solche Leut' daher kommen! G'scheuter wär's vielleicht do, wenn er si z'erst a bisserl abwaschen tät'! I brächt' ihm a warmes Wasser und a Soaf'n – und wenn dös nix nutzt, haben wir a Laugen auch no da!«

Z'letzt hat's der Lenz und die andern Hirten do begriffen, daß der Mohrenkönig schon als a Schwarzer auf d' Welt kommen sei und daß da alles Abwaschen nix nutz'. Weil der Mohrenkönig sonst ganz a fromm's G'sicht und a anständig's Benehmen g'habt hat, so hat 'n der Lenz halt in Gottesnamen mit zur Krippen g'nommen.

Dort haben si die heilig'n drei König' niederkniat und Gold, Weihrauch und Myrrhen g'opfert.

Der Herodes hat derweil die längste Zeit g'wartet, ob die heilig'n drei König' nimmer z'ruck kommen, und is vor lauter Ungeduld völlig verzappert.

Weil die König' nimmer kommen und er das Christkinderl auch nit g'funden hat, so hat er vor lauter Wuat alle kloan' Buab'n in Bethlehem umbringen lassen, damit ihm der neue König ja nit auskommen sollt'.

Dös hat ihm aber alles nix g'nutzt, weil der Engel dem Josef no rechtzeitig im Traum eingeben hat, er soll' z'sammenpacken und mit der Muttergottes und dem Christkind nach Ägypten flüchten.

Den Schinderknecht Herodes hat bald darauf die Straf' erwischt. Er hat bei lebendigem Leib verfaulen und si von die Würmer langsam auffressen lassen müass'n. –

Mit'm neuen Testament is der Himmel wieder für alle aufg'schlossen worden, dö eini kommen wollen.

So will i denn zum Beschluß von der Bauernbibel no a recht anschauliche Schilderung vom Himmel geben, so guat i mir's halt vorstellen kann.

Wia die Höll' tiaf, tiaf unten is, so is das himmlische Reich weit, weit oben. Der Weg is eng und stoanig, daß a Almweg dagegen no a Reichsstraßen wär'.

Du muaßt dir daher schon bei Lebzeiten deine Schuah' mit guate Taten tüchtig sohlen und mit fleißig Beten b'schlagen lass'n. Sonst purzelst tausendmal über den Weg abi und fallst in die Höll'.

Wenn du glücklich aufi kommen bist, nachher muaßt beim großen goldenen Himmelstor läuten und halt derweil draußen warten, bis dir der Peterl aufmacht. Der fragt di dann aus, ob d' wohl ordentlich g'storben bist und dein Sündenpackerl drunten lass'n hast. Wenn du ihm dein' letzten Beichtzettel zoag'n kannst, is's um so besser.

Dös gilt wohl nur für dö, dö vom Mund auf in Himmel kommen. Wenn oaner z'erst aus'm Fegfeuer hat erlöst werden müassen, nachher braucht er koan' weitern Ausweis, weil man ihm den Schwefelg'ruch ohnedem anmerkt.

Wenn du bei dem Tor einig'lassen wirst, nachher kommst du gradwegs in die himmlische Seligkeit. Da is alles voll Liacht und Glanz. Die Engerln musiziarn, daß 's a wahre Freud' is. Und der David tanzt lustig umanand und spielt dabei sei' Harfen. Mit die Patriarchen und Propheten darfst Bruaderschaft trinken und durch'n ganzen Himmel spaziar'n geh'n oder fliag'n, wia's di besser g'freut – weil dir glei' am ersten Tag schon die Flügel wachsen.

Du kriagst a eigenes schönes Zimmer mit lauter Polster und Spiagel drein und hast lauter Engel zur Bedianung. Sogar deine Stiefel werden dir von an Engel putzt.

Bei die Fenster von dein'm Zimmer hast die prächtigste Aussicht, dö si denken laßt. Du siehst grad' abi in' Himmelgarten, wo die Bäum' blüah'n und die jungen Engerln umadum springen und Katz' und Maus spielen.

Wenn d' hungrig bist und was z' essen willst, brauchst grad' auf an Knopf in der Wand z' drucken.

Da kommt nachher glei' a Engel aus der Kuchel und bringt dir die Speiskarten. So gewöhnliches Zeug wia Knödel oder Muas steht auf der himmlischen Speiskarten gar nit droben. Da schaueten sie di für recht an Dörcher an, wenn du dir einfallen lassest, so was z' verlangen. Da gibt's nix als Braten und Kapauner, Ofenleber, bachne Strauben und andere vornehme Speisen.

In der Fruah kriagst alle Tag' an Kaffee, aber koa so a Absudg'schlader, wia man's auf der Welt herunten oft g'nuag saufen muaß. Da schwimmt der Rahm fingerdick und no dicker oben drauf.

Den ganzen Tag hörst koa z'widers Wörtl. Alles hat di zum fressen gern. Und alles sagt dir vor, was du alleweil für a braver Mensch g'wesen bist und daß du ja a Engel hätt'st werd'n müass'n – und wenn si die ganze Höll' dagegen g'spreizt hätt'.

Alle Sonntag darfst mit dö andern Engel, Heiligen und Patriarchen zum liab'n Herrgott selber und darfst ihn in seiner ganzen Pracht und Herrlichkeit anschauen, so lang's di g'freut. Dabei wird fleißig betet und g'sungen. Die heilige Cäcilia spielt auf ihrer Orgel. Und a Kirchenmusi machen s' da droben, daß si bei uns herunten jede Dommusi davor verstecken könnt'.

Wenn du di im Himmel droben recht brav aufführst, nachher kannst es mit der Zeit sogar zu an Erzengel bringen. Aber so g'schwind geht dös nit, wia oaner beim Militär herunten G'freiter oder Korporal wird. Da muaß oaner schon ganz b'sondere Eigenschaften besitzen.

Arbeit gibt's im Himmel nit b'sonders viel, aber a bisserl was do. Sonst würd' oan' ja die Ewigkeit viel z' lang, wenn man gar nix mehr z' tuan hätt', als z' essen und z' schlafen. Wer stark g'nuag dazua is, der hilft mit, die großen schweren Wolken schiab'n. Wer a bisserl schwächer is, der nimmt's mit dö kloanern Wolken auf.

Die Wettermacher-Engel richten den Regen und Schnee z'sammen. Überhaupt gibt's a Masse G'schäfterln im Himmel oben, wia die Sonn' alle Tag' rechtzeiti außi lass'n, die Stern' und den Mond aufziah'n lass'n, 's Abendrot und 's Morgenrot und die Regenbog'n z' malen.

Im Winter gibt's für die Weiber im Himmel – gar z' viele werd'n nit droben sein – a bisserl a Strickerei, weil dö Engel, dö mit die Schneewolken z' tuan hab'n, warme Strümpf' brauchen, sonst müaßt'n sie si ja ihre nackten Haxerln erfriar'n.

Wenn der Tag ummer is, kannst di ruhig ins Bett leg'n. Tuat dir koa Glied nit weh', hast koan' Kummer und koa Sorg', koane Schulden und koane Weiberpredigten. Die Welt geht di nix mehr an.

Da legst du di halt in dei' prächtig's Himmelbett mit himmelblaue Vorhäng', in dö lauter Himmelsschlüssel g'stickt sein, und laßt dir die ganze Nacht tramen von der himmlischen Seligkeit ...

’s Papiar is fertig, die Federn sein gar,
Und leer is der Tintenkübel –
Was bleibt mir übrig – ’s is do klar –
Als z’ schliaß’n die Bauernbibel!

Nachwort

Außer den Passionsspielen und Krippenspielen hat sich das deutsche Volk auch schon frühzeitig das Stoffgebiet des Alten Testamentes zu eigen gemacht. Es existiert eine Unzahl alter Volksspiele und anderer deutscher Dichtungen, die einzelne Partien des Alten Testamentes in der naiven anachronistischen Form gestalten, die gerade diesen Erzeugnissen volkstümlicher Poesie vor allem eigentümlich ist. Der Humor hat in diesen alttestamentarischen Spielen einen noch weit größeren Spielraum als in den Weihnachtsspielen, wo er sich ziemlich ausschließlich auf die Hirtenszenen beschränkt. Viele solcher köstlicher naiver Szenen aus der Schöpfungsgeschichte, der Sintflut, der Historie von David usw. leben heute noch im Volke fort und werden in den Bauernstuben von volkstümlichen Darstellern tragiert. Adam und Eva im Paradies, die Weisheit Salomonis, Noah und der Archenkasten, der grausame Riese Goliath – all das hat die Phantasie des Volkes befruchtet und zu ganz eigenartigen Schöpfungen geführt. Personen und Zeitverhältnisse sind in diesen

Gestaltungen dem Empfinden und Verständnis des Volkes ganz und gar nahe gerückt. Sie sind ebenso anachronistisch behandelt, wie in der Auffassung bestimmter Malerschulen. Aber gerade dieser Anachronismus läßt den Humor des Volkes viel freier und ungezwungener hervortreten. Adam und Eva nehmen sich aus wie zwei junge bäuerliche Eheleute, der »Davidl mit der Harfen« etwa wie ein lebfrischer schneidiger Bua. Beim Noah interessiert vielleicht am meisten sein »damischer« Rausch, der ihn dem volkstümlichen Verständnis am nächsten bringt. Schon bei den Vorarbeiten zu meinem Bühnenwerk »Das Krippenspiel von der glorreichen Geburt unseres Heilands«, welche die alten Weihnachtsspiele in einem einzigen großen und einheitlichen Volksspiele vereinigt, tauchte in mir der Gedanke auf, auch den drolligen Witz und den anachronistischen Humor, der in der volkstümlichen Umdichtung und Bearbeitung der biblischen Geschichte des Alten Testamentes liegt, in einem einheitlichen Werke wieder zu heben. So entstand die »Tiroler Bauernbibel«, die mit der Weihnachtslegende schließt, da diese mit ihren Hirtenszenen noch ein großes Stoffgebiet für den volkstümlichen Anachronismus bildet. Aus vielen alten Spielen und balladenartigen Volksdichtungen habe ich bunte Steinchen zusammengetragen und sie dem Mosaik meines Werkes eingefügt. Vieles ist aus eigenem hinzugekommen. Da die »Tiroler Bauernbibel« sowohl ihrer ganzen Anlage und Eigenart nach, als auch in zahlreichen Details, kleinen szenischen Lichtern, Witzen, Vergleichen und Vorstellungsmomenten direkt aus alten Quellen herausgewachsen ist, so glaube ich wohl nicht *pro domo* zu sprechen, wenn ich das Buch als ein volkstümlich echtes bezeichne. Möge es seinen Weg finden und manchem Leser eine heitere Stunde bereiten.

Rudolf Greinz

Lieferbare Werke von Rudolf Greinz

ALLERSEELEN

Geschichte einer verbotenen Leidenschaft · 318 Seiten

Ergreifend schildert Greinz den lebenslangen Kampf Johanna Tannauers und ihres Stiefsohnes, eines jungen Priesters, zwischen Pflicht und Leidenschaft. Das Begehren nach Verbotenem, das Ringen um ein unerbittliches Schicksal, all das zeugt von der gestalterischen Kraft des Tiroler Dichters.

DAS HAUS MICHAEL SENN

356 Seiten

In der geruhsamen Ordnung Brixens führt Michael Senn sein Leben als ehrbarer Kaufmann. Die junge Generation denkt und wertet jedoch anders als er. Meisterlich schildert Greinz das schicksalhafte Wirken menschlicher Vertrickungen.

DER HIRT VON ZENOBERG

Ein Margarethe-Maultasch-Roman · 191 Seiten

Mit einer Einführung von W. de Concini

Von den Chronisten als lasterhaft-lüstern angesehen, war die Landesfürstin von Tirol (1318–1369) eine der ungewöhnlichsten Frauen ihrer Zeit. Der Abt Johannes Chrysostomus erzählt ihre Lebensgeschichte, die schillernd und tragisch zugleich ist.

Lieferbare Werke Peter Roseggers

Die Älpler, 270 Seiten, Ln.
Als ich noch der Waldbauernbub war, 256 Seiten, Ln.
Das ewige Licht, 300 Seiten, Ln.
Die Försterbuben, 208 Seiten, Ln.
Die Schriften des Waldschulmeisters, 294 Seiten, Ln.
Erdsegen, 256 Seiten, Ln.
Heidepeters Gabriel, 234 Seiten, Ln.
Jakob der Letzte, 226 Seiten, Ln.
Mein Weltleben, 248 Seiten, Ln.
Volksleben in Steiermark – Das Haus, 189 Seiten, Ln.
Volksleben in Steiermark – Das Jahr, 266 Seiten, Ln.
Waldheimat, 508 Seiten, Ln.
Wanderungen in der Waldheimat, 240 Seiten, Ln.
Das Buch von den Kleinen, 240 Seiten, Ln.
Das große Peter Rosegger Hausbuch mit vielen Geschichten, Erzählungen, Gedichten, Fotos und Illustrationen, 448 Seiten, Ln.
Als ich zum Pfluge kam, 254 Seiten, Ln.
Mein Himmelreich, 144 Seiten, Ln.
Abelsberger Chronik, 240 Seiten, Ln.
Novellen I, 240 Seiten, Ln.
Novellen II, 240 Seiten, Ln.
Novellen III, 240 Seiten, Ln.
Der Gottsucher, 384 Seiten, Ln.
Der Schelm aus den Alpen, 240 Seiten, Ln.
Weihnachtsgeschichten, 176 Seiten
Tiergeschichten, 176 Seiten
Schmunzelgeschichten, 176 Seiten

Weitere Neuauflagen in Vorbereitung

L. STAACKMANN VERLAG KG · MÜNCHEN
ÖSTERREICHISCHER AGRARVERLAG · WIEN